普 天 之 下 · 盡 是 好 書

普天出版家族
Popular Press Family

凌雲文創
A-Plus Creative Company

用幽默的方法，說出你的真心話

Humorous way to say your opinion

越生氣的時候，你越需要幽默

《罵人不必帶髒字》
系列暢銷作家

文彥博 編著

古羅馬思想家塞涅卡曾經寫道：**「化解人際衝突的最好良藥，就是含有幽默感成份的機智。」**
人和人之間難免會發生摩擦，一不順心如意就出口成「髒」的人，只會被當成沒水準的莽漢、匹夫。
幽默的語言是化解自己和別人衝突的最佳應變智慧，懂得運用幽默的方法表達自己想法的人，
不僅可以替自己解圍，同時也會突顯出自己的胸懷與氣度。

•出版序•

用幽默的方法，說出你的真心話

想贏得人心，必須把舌頭的功能用在正確的地方，在生活的拳擊比賽中，聰明的人懂用舌頭代替拳頭，機智靈活地跨出攻擊的步伐。

激勵作家約瑟夫·紐頓曾經寫道：「化解矛盾的最有效方法就是幽默。只要適時運用幽默的方法，就能避免彼此爭論、對立，而且可以使對方瞬間恍然大悟，理解自己犯下的錯誤。」

一針見血的眞心話，不一定要板起臉孔說得臉紅脖子粗，透過輕鬆幽默的方法，其實可以達到更好的效果。

讓人發噱的幽默言談，往往能讓對方深思你要表達的意思。當你忍不住想

要出口成「髒」時，不妨懸崖勒馬，發揮你的機智，改用詼諧的方式表達。用幽默心情面對周遭那些惱人的事情，不僅能讓自己保持輕鬆愉快，更可以保持和諧的人際關係。

說話辦事必須講究謀略和技巧，千萬不要直來直往，動輒發飆並不能解決問題。日常生活中我們不難見到，所有做出蠢事的人，都是在拳頭跑得比舌頭快的時候產生的，因此，做任何決定之前必須牢牢切記，許多事是舌頭可以巧妙解決的，又何必非得動用拳頭呢？

凡提在鬧區租房子開理髮店，生意很興旺，從早到晚，忙得連吃飯也沒時間。房東見他賺了很多錢，眼紅得想揩油。

房東終於想到辦法——每次去理髮都不給錢，理由是：「要不是我租房子給你，你能賺這麼多錢嗎？」

房東一個月剃一次頭，凡提倒也無所謂，問題是他每天還要來刮鬍子，搞得凡提很傷腦筋。

這天，見房東又來了，凡提想好了懲罰他的主意，邊刮鬍子邊問：「房東，眉毛要不要？」

「廢話，當然要！」

凡提連忙用剃刀嗖嗖幾下，就把房東的兩道濃眉剃下來了，譏諷地說：「要，就給你吧。」

房東啞巴吃黃連，有口難言。

自此，房東再也不敢來了。

凡提運用語意雙關的辯術，除去了一大煩惱。

但這個方法太過針鋒相對，必須到了眞的無計可施時才用。因爲，在錯綜複雜的社會中，給別人留些餘地，等於給自己預留轉寰的空間，千萬不要一下子就把別人和自己都逼到牆角，以下的方式就比較溫和一點。

一天上午，紐約某雜誌編輯部來了位作者，遞上自己的新作。編輯閱讀了

作品後，問道：「這篇小說是你自己寫的嗎？」

作者很認真地說：「當然是我自己寫的。我構思了一個多月，整整寫了兩天才完稿呢！」還不由得感歎道：「唉，寫作真苦！」

編輯於是感慨說：「啊，偉大的契訶夫先生，您什麼時候復活了啊！」暗喻他抄襲契訶夫的作品。

作者一聽立刻兩腳抹油，溜了。

編輯不明說「你抄襲了契訶夫的作品」，而是用「契訶夫復活」來狠狠鞭撻這位「文抄公」的惡劣行徑，挖苦的功力也算練到了爐火純青的地步。

記住，可以用舌頭解決的問題，千萬不要用拳頭，可以用腦力解決的問題，千萬不要用武力。

舌頭的妙用無窮，要是不小心犯了錯、闖了禍，同樣可以透過巧妙的說話方式替自己解圍。

中國古代有位宰相，去理髮鋪修臉。理髮師把他的臉修到一半時，停下手中的剃刀，兩眼定定地看著他的肚子。

宰相見他傻愣著，於是問：「你不修臉，卻光顧著看我的肚皮，這是為什麼呀？」

理髮師這才回過神來說：「人們常說，宰相肚裡可撐船，我看您大人的肚子並不大，怎麼能撐船呢？」

宰相聽了大笑，說道：「那是說宰相的氣量大，對一些小事能夠加以容忍，不會太計較。」

理髮師聽他這麼一說，「撲通」一聲跪地，哭著說：「小的該死！方才修臉時，不小心將您的眉毛剃掉了。您大人大量，就饒恕小的這一回吧！」

宰相舉手一摸，眉毛真的沒了，正要大發雷霆時，轉念一想：「自己剛才還講宰相氣量最大，又怎能為這點兒小事將他治罪呢？」於是，只好寬容地說：「不妨，去把筆拿來，把刮去的眉毛畫上去算了。」

理髮師自知闖下了大禍，於是出這個點子，引出宰相的一席話，然後緊緊抓住「氣量大，能容忍，不計較」這些話柄，運用高超的說話技巧，終於化險爲夷，說明了舌頭的威力不容小覷。

義大利有句諺語說：「舌頭雖小，卻可以拯救一座城市。」

如果你想讓別人走向自己設定的方向，就必須把舌頭的功能用在正確的地方，用高明的談話技巧牽著對方的鼻子走。

遇到難纏的人或難解的事，用不堪入耳的字眼問候別人的祖宗八代，並不能解決問題；動不動就生氣動怒、口出惡言，甚至拳腳相向，也只會讓事情愈加難以收拾。說話辦事最忌滿口髒話，最忌心浮氣躁，因爲，如此一來只會曝露出自己的「理虧辭窮」，根本無法讓對方照著自己的意思去做。

在生活的拳擊比賽中，聰明的人懂用舌頭代替拳頭，機智靈活地跨出攻擊的步伐。本書要告訴讀者的，就是說話辦事之時必須具備的一些智慧。

本書是作者舊作《越生氣的時候，你越需要幽默》的全新增訂版本，謹此說明。

【出版序】用幽默的方法，說出你的真心話

PART 1 面對揶揄，要懂得適時反擊

受到排擠嘲弄的時候，必須先冷靜下來，找出自己受到排擠嘲弄的原因，然後從容地對別人的揶揄進行反擊。

PART 2

把晦氣變成生活的調劑

壞心情的確令人困擾，當別人不小心得罪你的時候，你不妨試著幽他一默，順便也幽自己一默吧！

PART 3

要報復，也得選擇幽默的方式

幽默面對事實才是最精采的報復方式！他嫌棄你，你就要讓對方知道還有很多人喜歡你；他看不起你，你更應該把自己提昇到無懈可擊。

PART 4

用機智化解羞辱

面對羞辱，有幽默感的人懂得「用幽默代替沉默」，會不疾不徐回敬對方，沒有幽默感的人，恐怕就得陷在難堪的窘境之中，不知如何是好了。

PART 5

想前進一尺，有時必須先後退一步

日本作家扇穀正造說：「世界上最聰明的人，就是懂得使用聰明人的人，使世界上的知識為自己所用。」

PART 6

別讓幽默變得尖酸刻薄

尖刻的幽默很容易趨於殘忍，譏諷、攻擊、責怪他人的幽默，雖能引人發笑，卻常常會產生意想不到的嚴重後果，使本來融洽的關係產生隔閡。

PART 7

借力使力，最能讓對方漏氣

現代人一逮到機會就批評、中傷競爭對手，遇到這種見不得別人好的小人，不妨學學借力使力的罵人藝術，讓對方漏氣漏氣。

PART 8

用風趣的方式表達罵人的意思

幽默的效用在於能立時改變氣氛，即便有些幽默話語暗藏諷刺，但也因說話的人表達方式風趣，令被譏笑的人無言可應。

PART 9 照著對方的思路加以諷刺

如果你厭煩了那種虛張聲勢的行為模式，不妨找個適當機會，發揮「罵人不帶髒字」的智慧回敬一番。

PART 10

用幽默代替生氣

生氣不能解決問題，有時候，一顆寬容的心，幾句幽默的話語，就可以把肝火化為笑意，把敵人變成朋友。

PART 11

站在對方的立場來說服對方

如果從一開始就強調自己的立場，彼此間的鴻溝就會越來越深，當對方有了對抗的心理狀態時，你是絕對無法說服他的。

PART 12

說話，不要太過情緒化

說話的效果是人際關係的基礎，說話的效果代表各式各樣的人際關係。因為人與人之間的遠近親疏都可以從這些「效果」中呈現出來。

輯1.

面對揶揄，要懂得適時反擊

受到排擠嘲弄的時候，必須先冷靜下來，
找出自己受到排擠嘲弄的原因，
然後從容地對別人的揶揄進行反擊。

頭腦清醒，才能從容應付挑釁

唯有頭腦清醒的人，才能在驚濤駭浪中鎮定地駕馭船隻，面對不速之客挑釁的時候，從容地運用機智，化解自己的尷尬。

活在紛紛擾擾的社會，難免遇上麻煩，難免遇到有心人故意找碴。這時，硬和對方計較，就會淪爲潑婦罵街；置之不理，對方可能得寸進尺，讓人難以嚥下那口鳥氣。最好的方法，就是軟硬兼施露一手絕活，讓對方自討沒趣。

民國初年，大軍閥張作霖雄踞東北時，曾經發生過一件「臉厚手黑」的趣事，讓人對他機智留下深刻印象。

有一次，兩個日本浪人知道張作霖是個響馬出身的大老粗，故意前來大帥府邸求見，進門後不懷好意地對張作霖說：「聽說大帥您精於書法，能不能請您賜字，讓我們留作紀念？」

張作霖雖然是個草包，但畢竟見過大風大浪，面對兩個來意不善的日本浪人，表現相當沉著，二話不說立刻提筆一揮，寫了個頗具氣勢的「虎」字，還在下頭落款，寫著「張作霖手墨」。

不過，由於他唸書不多，竟然把「墨」字寫成「黑」。日本浪人見了，心中頗為得意，不禁露出嘲笑的眼光，張作霖的秘書見大帥出糗，趕緊在一旁提醒：「大帥，您寫的這個字是『黑』，『墨』字下邊還有個『土』字呢！」

張作霖知道自己洩底了，隨即哈哈大笑加以掩飾：「我堂堂張大帥，難道會不知道『墨』字下邊還有個『土』字？可是，我就是不寫這個『土』字！有些人總是打老子的主意，總是想奪取東北的土地，老子我偏偏寸『土』不讓！本大帥一向『手黑』，誰敢放肆，老子絕不客氣！」

張作霖的瞎掰功夫真是到家，真不愧是「臉厚手黑」的大軍閥。這一番話

說得義正詞嚴，不僅巧妙地掩飾自己的弱點，也宣示強硬立場，讓兩個日本浪人討不到便宜，自覺沒趣地走了。

馬基維利在《君王論》中說：「最能顯示出一個人智慧的是，能在各種危險之間做出權衡，並選擇最小的危險。」

在任何情況下，都必須保持一顆清楚的頭腦，如此才能在別人慌張失措的時候保持鎮定，在別人做出愚蠢事情的時候，仍維持正確的判斷。

因爲，唯有頭腦清醒的人，才能在驚濤駭浪中鎮定地駕馭船隻，也唯有頭腦清醒的人，才能像張作霖一般，面對不速之客挑釁的時候，從容地運用機智，化解自己的尷尬。

用幽默的方法，說出你的真心話

人們的聰明，並非以經驗為依據，而是以接受經驗的程度為依據。

——英國劇作家蕭伯納

略施小計，就能達成罵人的目的

「罵人不帶髒字」的說話方式，可以說是聰明人的回馬槍，往往能一針見血，讓對方看清自己的嘴臉。

作家傅曼曾說：「雖然沒有指名道姓，但是每個人卻都知道你在罵誰，這是罵人必須具備的厚黑智慧。」

的確，指著別人的鼻子劈頭就一頓臭罵，遠遠比不上被罵的人明明知道你在罵他，但卻不能出言反駁，因爲，只要他一反駁，就立刻陷入你設置的「對號入座」陷阱。

最高明的罵人方式就是不帶任何髒字，但所說的話卻比髒話還要歹毒。想到達這個境界，關鍵就在於是否懂得罵人的藝術。

一個成熟有智慧的人，遇到凡事想佔人便宜的人，不會動不動就「據理力爭」，搬出一大套道理試圖讓對手臣服，而會先退讓一步，然後用機智幽默的言行，讓對方認清自己的謬誤。

太尉想畫一張自己的肖像，便把城裡最好的畫家請過來。畫家列了張清單，告訴他畫一幅畫需要多少顏料，買顏料需要多少銀子，太尉面露不悅之色，二話不說就把畫家趕了出去。

沒多久，太尉又召來另外一名畫家，這名畫家知道太尉視錢如命，不願意出太高的價錢，便稟告太尉說：「我給您畫像，用的是最省錢的方法，只需要白紙一張、毛筆一枝、墨水一瓶，就綽綽有餘了。」

太尉一聽到省錢的法子，眼睛立刻亮了起來，直問畫家打算把他畫成什麼樣子。畫家說：「不就是您現在這個樣子嗎？黑紗帽，黑袍子，黑腰帶，黑靴子，然後，在您旁邊畫一個伺候您的黑童子。」

「聽來不錯，但是我的臉，你想要把它畫成什麼顏色？」

「我會畫一張黑色的桌子，您正斜坐在桌旁，手撐著頭俯在桌子上。」

「這怎麼行？」太尉說：「人最要緊的就是臉面，如果我低著頭，別人怎麼看得見我的臉？」

豈知，畫家竟然大著膽子，笑瞇瞇地說：「依我看，您這副吝嗇的嘴臉，還是不要見人比較好！」

遇到煩人的人或不如己意的事，不必動輒破口大罵，也不必試圖「曉以大義」，有時只要略施小計，就能達成自己的目的。

「罵人不帶髒字」的說話方式，可以說是聰明人的回馬槍，往往能一槍刺中要害，讓對方徹底看清自己的嘴臉。

針鋒相對並不是最好的策略，「據理力爭」有時也只是浪費口水，當你忍無可忍，不得不開口罵人的時候，不一定要口出惡言，只要順著對方的意思，淡淡地說幾句話，就能發揮「罵人不帶髒字」的功用。

杜柏曾經寫道：「最高明的罵人方式，就是被罵的人，不僅不會動怒生

氣，而且還高興地以為罵他的人是在讚美他。」

其實，想要罵人，並不一定動不動就用不堪入耳的字眼問候別人的祖宗八代，有時候用「讚美」的方式進行反諷，讓對方樂陶陶地從雲端摔下來，要比用髒話開罵更能達到損人罵人的效果。

以眼還眼，才能糾正對方的偏見

儘管以牙還牙、以眼還眼，並不是最好的行為模式，但是，在不得已的情況下，對於別人的一些不友善舉動，還是得適度加以還擊。

莎士比亞在《愛的徒勞》劇作中這麼說：「聰明人一旦變得癡愚，是一條最容易上鉤的魚，因為他憑恃才高學廣，看不見自己的狂妄。」

偏見會影響一個人看待事情的方式。

雖然大家都知道，人應該多留意別人的好處和優點，不要拿放大鏡看別人的缺點；輕視與嫉妒他人的心胸是狹隘、不健全的。但是，在這個社會上，就是有許多人喜歡吹毛求疵，喜歡冷潮熱諷。遇到這種充滿偏見的人，最好的方式就是以牙還牙、以眼還眼。

獲得諾貝爾和平獎殊榮的美國前總統卡特，當年競選總統時，有一位愛找碴的女記者看種花生出身的他相當不順眼，於是特地去採訪他的母親，想從中找出漏洞狠狠修理他一番。

這個女記者進門後，充滿挑釁地對卡特的母親說：「妳兒子卡特曾經公開說，如果他說過謊話，大家就不要投他的票，妳敢保證卡特從來沒說過謊嗎？」

卡特的母親知道這位女記者來意不善，於是平靜地回答道：「不瞞妳說，我兒子確實說過謊話。」

「喔，他說過什麼謊話？」女記者見獵心喜，趕緊追問。

「他曾經說過一些善意的謊話。」

「什麼是善意的謊話？」

「妳記不記得幾分鐘前，當妳跨進我們家大門時，他稱讚妳非常漂亮，還說他很高興見到妳？」

儘管以牙還牙、以眼還眼，並不是最好的行爲模式，但是，在不得已的情況下，對於別人的一些不友善舉動，還是得適度加以還擊，否則你就會被視爲軟弱無能的人而遭到欺壓。

對於那些狂妄自大、蠻橫無理的人，有時瞅準機會狠狠地教訓他們一頓，對他們而言，其實也不無好處。

用幽默的方法，說出你的真心話

虛榮、急躁、固執等性格還不是最壞的，最壞的是嫉妒以致於禍害他人。

——英國思想家培根

用「事實」回敬對方的羞辱

不要急著抓狂開罵，也不要一味地硬碰硬，只要照自己的意思陳述事實，就可以從容回敬對方的羞辱。

面對惡意的挑釁時，你可以選擇閃避，更可以選擇主動出擊，利用幽默營造出曖昧空間，反將對手一軍。遇到挑釁，臉紅脖子粗地替自己辯解是最差的策略，不如學學林肯，用幽默的方式反擊，這才是最高明的做法。

林肯競選總統時的對手道格拉斯，選舉落敗之後，一直對林肯懷恨在心，處心積慮地想找機會加以報復。

有一天，道格拉斯終於逮到機會，在一個公開場合遇見了林肯。一陣虛情

假意的社交寒暄後，他以不屑的神情說道：「林肯先生，我剛認識你的時候，你好像是開雜貨店的，站在一大堆雜物中賣雪茄和威士忌。你能當上總統，真是運氣亨通呀！」

林肯明白道格拉斯有意羞辱自己，於是神色自若地向在場的眾人說：「各位先生們，道格拉斯先生說得一點也不錯，我確實開過一家雜貨店。我記得，當時道格拉斯先生是所有顧客中最高尚的，他總是神情優雅地站在櫃台的前面結帳，我則站在櫃台後面找零錢。不過，我早就從櫃台的後面離開了，不知道為什麼，道格拉斯卻依然頑固地站在櫃台的前面，硬是賴著不肯走。」

這番不卑不亢的話不僅獲得滿堂喝采，也使道格拉斯尷尬得無地自容。

莎士比亞在《哈姆雷特》中說：「留心避免和別人發生爭吵；可是萬一爭端已起，就應該讓對方知道你不是可以輕侮的。」

林肯曾開過雜貨店，這是難以否認的事實，因此當道格拉斯重提往事加以嘲笑之時，他絲毫不以爲意，先加以證實，乍聽之下似乎是甘居下風，但是這

個證實，只不過是爲下一步的反擊作準備。

他先退一步，說明自己和道格拉斯兩人過去的背景，然後再用現在各自不同的狀況加以比較，告訴在場的衆人，自己雖然從事過卑微的職業，但是經過長期努力不懈奮鬥，已獲得相當耀眼的成績和進步。相形之下，這番話也譏諷道格拉斯仍然庸庸碌碌，無法提昇自己的層次，只不過是個虛有其表的傢伙。

林肯面對宿敵的揶揄挑釁，展現了應變才智和反應敏捷。

想要輕鬆戰勝身邊的小人，應該學習林肯這種「罵人不必用髒話」的智慧，不要急著抓狂開罵，也不要一味地硬碰硬，只要照自己的意思陳述事實，就可以從容回敬對方的羞辱。

用幽默的方法，說出你的真心話

在你一切見解與深思方面，以及在你舉止與其他事情方面，都要保持穩健與含蓄。

——法國思想家蒙田

面對揶揄，要懂得適時反擊

受到排擠嘲弄的時候，必須先冷靜下來，找出自己受到排擠嘲弄的原因，然後從容地對別人的揶揄進行反擊。

美國作家愛默生曾經說過：「為自己挽回頹勢的最高明辦法，就是跟對手談論他最得意的事！」

因爲，如此一來，對手會因而趾高氣昂、得意忘形，在無形中撤除應有的心防，你才可以有機可乘，迎頭痛對方。

第二次世界大戰結束後，聯合國成立了託管委員會，專門處理殖民地獨立和主權未定區域相關事宜。

有一次開會的時候，英國代表又滔滔不絕地談論英國協助殖民地獨立的豐功偉績。正當英國代表說得眉飛色舞的時候，經常受到嘲諷的蘇聯代表，十分不耐煩地迎頭潑下一盆冷水。

蘇聯代表鄙夷地打斷他的話，說道：「你們英國人講的這一套話，我已經聽了幾十遍，誰不知道，你們會這麼主張，是因為你們的政府要員，以前大部分都是關在監獄裡的犯人！」

英國代表聽了這話並不以為忤，隨即笑嘻嘻反唇相譏：「你說得沒錯，只是，我們把犯人變成政府要員，總比貴國老是把政府要員變成犯人，關到監獄裡去，還要高明一些吧？」

英國諷刺作家斯威夫特曾說：「諷刺是一種鏡子，照鏡子的人從鏡中都能發現其他人的面孔，唯獨看不見自己。」

如果你在交際場合受到排擠嘲弄，千萬不要像小孩子大吵大鬧，也別像蘇聯代表處心積慮想找機會潑別人冷水，因爲，萬一你欠缺內涵，最後受到奚落

嘲笑的，有可能還是你自己。

受到排擠嘲弄的時候，必須先冷靜下來，找出自己受到排擠嘲弄的原因，然後彌補或加強自己屢屢遭受攻擊的弱點。

譬如，要是大家認爲你太笨拙，老是開你的玩笑，你就應該先試著讓自己機靈聰明點，然後在自我改進中，尋求朋友指點迷津，才能獲得支持和認同。

如此一來，有朝一日，你才可能像英國代表擁有「罵人不必用髒話」的功力，從容地對別人的揶揄進行反擊。

用幽默的方法，說出你的真心話

一個人或一個民族所能達到的最高圓融程度，就是知道如何去面對別人的嘲諷。

——烏納穆諾

遭到譏諷，不妨反守為攻

面對突來的蠻橫舉動、無理要求或嘲弄譏諷，不妨表面上做出看似妥協的姿態，然後針對對方的語病或漏洞反守為攻。

人總是依據利弊得失權衡眼前的事物，而且，往往一見到便宜就想佔，一見到別人失敗就想打落水狗，彷彿不趁機落井下石也是一種吃虧似的。殊不知，這樣一來，只會醜態百出，使自己的人生道路越走越狹隘，很難有一番豁然開朗的大遠景。

中國近代史上著名的外交家伍廷芳相當機智，出使美國時，曾在一次外交官雲集的宴會上，即席發表了一次幽默風趣的演講，受到與會人士的一致喝采。

當時，有個穿得珠光寶氣的美國外交官夫人，不甘眾人的焦點全集中在伍廷芳身上，想要挫挫他的鋒頭。於是，她故意走上前去，嬌滴滴地對伍廷芳說：「伍大使，我十分佩服您的演講，因此，我決定把我的愛犬改名為『伍廷芳』，讓牠沾點您的光，您說好不好？」

伍廷芳聽出她心中的醋意和輕蔑，於是，順著她的語意，幽默地回答說：「很好，那很好啊，這麼一來，妳以後就可以天天摟著妳親愛的『伍廷芳』，和牠接吻了。」

這位外交官夫人想要羞辱伍廷芳，不料卻被伍廷芳在言語間吃了豆腐，氣得漲紅了臉，卻又莫可奈何。

英國劇作家H．泰勒曾說：「如何妥善地處理一場不可避免的爭端，是對一個人的性格的最好考驗。」

面對突來的蠻橫舉動、無理要求或嘲弄譏諷，爲了避免正面衝突，不妨表面上做出看似妥協的姿態，然後針對對方的語病或漏洞反守爲攻。

這是一種高超的應變技巧，具有以柔克剛、後發制人的功效。

伍廷芳裝作接受那位貴婦人用「伍廷芳」當狗的名字，然後加以衍伸，借用她逗弄愛犬的情景，戲謔地說「妳以後可以天天摟著伍廷芳接吻了」，回敬她對自己的羞辱，便收到良好的反擊效果。

我們可以見到，那些處心積慮想要佔別人便宜，一逮到機會就想暗中損人的人，面對舌戰高手，往往什麼便宜也佔不了，反倒常常變成遭人戲弄的落水狗，由此可知「罵人不用髒話」的威力不容小覷。

用幽默的方法，說出你的真心話

如果衣著華麗，就看不出誰貧誰富，如果不說話，就認不出聰明愚蠢。

——佚名

和小人過招，不一定要爭吵

與小人過招，爭吵並不是最好的辦法，必須懂得運用四兩撥千斤的策略，有時，退讓一步便可能出現海闊天空的新景象。

日常生活中，我們很難避免地要和一些趾高氣揚的人接觸，如果對方只是「自大的青蛙」，那麼，你高興怎麼罵就怎麼罵；萬一對方不是自己得罪得起的，那麼，面對驕傲蠻橫的言行，有時就得施展「糊塗戰術」加以回敬。

英國首相邱吉爾以機智和風趣聞名於世，對付那些狂妄自大的小人，也有一套幽默的行事方法。

二次世界大戰還沒爆發之前，德國和英國還保持著形式上的外交關係。有一天，德國外交部長李賓特羅甫，派人送了一張請帖給邱吉爾，邀請他在該月二十四日晚上七點前赴德國大使館，出席一項國際宴會。

但是，李賓特羅甫為了貶抑邱吉爾，故意不遵守國際外交禮儀，請帖裡頭寫的不是法文，而是德文。

邱吉爾收到請帖後，知道李賓特羅甫有意藐視英國和自己，心中頗為不悅，於是故意裝糊塗，隨即交代秘書人員用英文回覆說：「二十七日晚上八點，本人必定準時出席這場盛會。」

李賓特羅甫收到這封牛頭不對馬嘴的回函後，哭笑不得，只好乖乖地依照國際外交禮儀，重新補送一張法文請帖給邱吉爾。

英國作家康拉德說過這麼一句話：「任何傻瓜都能駕船航行，但唯有聰明的人才知道如何走捷徑。」

與小人過招，爭吵並不是最好的辦法，必須懂得運用四兩撥千斤的策略，有時，退讓一步便可能出現海闊天空的新景象。

遭遇難纏的對手，如果對方相當蠻橫，實力又比你強大，無法從正面解決問題時，不妨學習邱吉爾的「糊塗戰術」，採取迂迴策略，先後退一步，然後再伺機進兩步，如此才可能戰勝對方。

罵人也是一樣，面對難纏的對手並不可怕，可怕的是自己先慌了心、亂了腳步，一味地狂奔亂竄。

因爲，人一旦亂了方寸，便無法冷靜地發揮原有的機智見招拆招。

用幽默的方法，說出你的真心話

當一個人自己缺乏某種美德的時候，就一定要貶低別人的這種美德，以實現兩者之間的平衡。

——英國思想家培根

千萬別當睜著眼睛的瞎子

有時，保持洽當的應對進退，也能夠發揮罵人不帶髒字的效果，氣定神閒地回敬別人不安好心的伎倆。

世間所有的詭計，都是以美麗的假象先行，使愚癡的人緊隨其後，充分曝露他們的低俗、平庸的本質。

人如果不細心辨別、觀察美麗的糖衣裡頭，包藏的究竟是糖果還是毒藥，往往會誤信花言巧語，匆匆地下吞下誘餌。

美人計是外交場合慣用的一種誘餌，美國前國務卿季辛吉就善長使用此計，藉以收買其他國家的外交人員。

在一次私人聚會中，季辛吉悄悄地將越南總統阮文紹的特別助理黃德雅拉到一旁，然後出示一本黑色手冊，只見手冊上面寫得密密麻麻，記載著許多好萊塢著名女影星的電話和住址。

季辛吉語氣曖昧地對黃德雅說：「如果你願意做我的『朋友』，我可以替你介紹這些女星中的任何一位。」

誰知，黃德雅並非等閒之輩，也依樣畫葫蘆，從口袋摸出一本厚厚的手冊，然後以同樣的語氣告訴季辛吉：「如果你願意做我的『朋友』，我也可以替你介紹這些女性中的任何一位。」

英國有句諺語說：「如果奸人的眼淚有滋生化育的能力，那麼，他的每一滴眼淚都可以孵出一條鱷魚來。」

美人計是奸人最常施展的招數，不論在政界、商界都是最具殺傷力的陷阱，把持不住的人往往因此掉入桃色的深淵，最後身敗名裂。

這種人看待事物，有時竟連「耳聽爲虛」這樣的道理都不懂，用耳朵代替

了眼睛，變成了一個睜著眼睛的瞎子。

學過辨證法的人都知道，應該從不同角度分析事物，不能單憑表面現象；表面現象通常只是假象，「見獵心喜」只會讓自己掉入別人謀劃的詭計之中。

面對別人不懷好意的誘騙行爲，必須先克制自己易怒的情緒，不必和對方一般見識，也不必脫口就用髒話問候他的家人，只要依樣畫葫蘆，學學對方的舉動，就可以替自己解圍。

有時，保持洽當的應對進退，也能夠發揮罵人不帶髒字的效果，氣定神閒地回敬別人不安好心的伎倆。

用幽默的方法，說出你的真心話

在小範圍內耍花招的人，隨著權慾的增長，必將玩弄更大的騙局。

——法國作家皮埃爾

氣定神閒面對別人的挑撥離間

只有具備一雙識人的慧眼，才能真正洞燭人性，一眼看穿對方打什麼歪主意，然後用幽默的話語，氣定神閒地面對別人的挑撥離間。

有位哲人說：「在利益得失面前，每個人的靈魂會鑽出來當眾表演，想藏也藏不住。此刻，正是識別人心的大好時機。」

的確，在種種誘惑之前，邪惡的靈魂會赤裸裸地曝露出來。人一面對誘惑，就會千方百計揭人隱私、造謠中傷、挑撥離間，縱然用盡卑劣的手段，也要奪到自己想要的東西。

英國著名的偵探小說家克莉絲汀大部分的時間都待在巴格達，生活在又乾燥又酷熱的沙漠當中，陪著她的丈夫從事考古方面的工作。

有一次，她回到英國參加出版界的盛會，有一個對她覬覦已久的出版大亨，為了離間他們夫妻之間的感情，便故意趨前對她挑撥說：「唉呀！像妳這樣優秀的作家，竟然嫁給一個不知憐香惜玉的丈夫，整年生活在沙漠當中，妳的犧牲未免太大了，實在令人惋惜。」

克莉絲汀聽了不以為忤，只用幽默的語氣，說出絃外之音：「其實，一個考古學家才是世上最好的丈夫，因為，妻子的年齡越大，她的丈夫越能從她身上發掘出許多新的樂趣。」

世間萬物都是隨著時空環境而不斷變化的，人心也是如此，因此，活在現實的社會，人必須明察秋毫，提防別人對自己耍詐。

姜太公在《守士》中有一段關於卑劣人性滋長的比喻，強調防微杜漸的重要，值得我們再三玩味，他說：「涓涓細流不加堵塞，就會聚成滾滾江河；微弱的火花不加以撲滅，就會燃起熊熊大火；細小的幼芽，用手就可以摘除，但

長大後不用斧頭是無法砍掉的。」

俗諺說：「路遙知馬力，日久見人心」，歲月是最公正的法官，有的人在某段時間裡也許可以稱得上是朋友，但相處時間久了，你就會了解他們眞正的爲人和品格。如果你肯仔細觀察，其實不難達到「知人知面也知心」的境界，對對方的企圖了然於胸。

知人是十分重要的，只有學會察微知著，才能成爲聰明人，只有具備一雙識人的慧眼，才能眞正洞燭人性，一眼看穿對方打什麼歪主意，然後用幽默的話語，氣定神閒地面對別人的挑撥離間。

用幽默的方法，說出你的眞心話

對盛開的花朵，寒冷的天氣是敵人；對親密的愛情，離間的壞話是敵人。

——蒙古諺語

如何打發光說不練的「夢想家」？

對於周遭那些光說不練的「夢想家」，要學會勇敢說「不」，拒絕他們闖入自己的心靈空間，別讓他們的「頭痛」浪費自己的生命。

生命的流程中，「今天」是最容易得到的，就像空氣和陽光與我們同在一樣，因而，沒有多少人特別關心今天自己到底有沒有認眞努力，卻妄想著明天會因爲自己的幻想而變得更好。遇到這樣的人，最好能閃就閃，萬一閃不了，就只能找些恰當的話快快將他打發。

小方是一個很想一舉成名，卻又很懶得動手創作的文藝青年。某次，他又興沖沖地跑到一家出版社串門子。大家一見到專門講大話的「舌頭作家」又來了，紛紛藉故閃避這個不速之客，只有阿正閃避不及，被小方纏住。

小方滔滔不絕地對阿正說，自己打算寫一本一千頁的長篇小說。儘管阿正急於結束這次談話，幾次暗示他先把大綱擬出來再說，但是小方還是陶醉在自己的美夢之中，不斷強調自己一定會成為暢銷作家，搞不好還會繼莫言之後，成為下一個獲得諾貝爾文學獎的華人作家。

最後，小方總算說出了結語：「能夠把自己的美好願景，和別人一起分享，感覺實在不錯，我剛開始有這個寫作構想的時候，頭痛得要命，不過，現在一點都不痛了！」

倒楣的阿正沒好氣地說：「那是當然，因為，『方言』先生，你已經把你的頭痛，全部轉移到我的腦袋了！」

許多人往往像故事中的小方一樣，只會用舌頭將自己的人生願景說得天花亂墜，卻從不肯腳踏實地去實踐，整天沉浸在對明天的憧憬和幻想之中，而漠視「今天」的存在。這樣的人，生命在蹉跎之中渡過，最後當然一事無成。

面對這樣的人，你可以苦口婆心勸告他：「人總是經過幾番折騰後才會大徹大悟，懂得生命的甘苦與艱辛，珍惜與留戀當下的時光。失去的愛情可以追回，荒廢的事業可以重振，心靈的創傷可以撫平，唯有時光不會倒流，過去的將永遠成為過去。」

或者，引用英國作家史賓塞在《牧人日記》裡說的話諷刺他：「千方百計想摘下星辰的人，往往絆倒在一根稻草上。」

然後，勸他不要再用舌頭規劃自己的人生了。

對於周遭那些光說不練的「夢想家」，要學會勇敢說「不」，拒絕他們闖入自己的心靈空間，別讓他們的「頭痛」浪費自己的生命。

用幽默的方法，說出你的真心話

生活在幻想之中的人就像醉漢，滿口囈語，雙手顫抖，全身軟弱無力，最後一事無成。

——愛默生

輯2.

把晦氣變成生活的調劑

壞心情的確令人困擾，

當別人不小心得罪你的時候，

你不妨試著幽他一默，

順便也幽自己一默吧！

把晦氣變成生活的調劑

壞心情的確令人困擾，當別人不小心得罪你的時候，你不妨試著幽他一默，順便也幽自己一默吧！

那個人得罪了你，你哭喪著臉，覺得自己很倒楣。只是，你有沒有想過，那個人雖然讓你的生活增加了許多晦氣，但是他並沒有奪走你笑的權利。只要你懂得轉換自己的心情，就能讓晦氣變成生活的調劑。

古時候，替人理髮的人稱做篦工，除了理髮之外，他們還兼管掏耳朵。一次，某位篦工替客人掏耳朵時，下手太重，被掏的人感覺很疼，只好把頭偏向另外一邊。沒想到，這個欠缺職業警覺性的篦工也跟著湊過來，而且越掏越深，越掏越疼。

被掏的人別無他法，又不好直說，只好問：「那邊的耳朵掏不掏？」

「當然要掏！」篦工擺出一副理所當然的模樣，回答：「只是，要先掏完這邊這一隻，再去掏那一隻。」

被掏的人聽了，開玩笑地對他說：「喔！好險！我還以為你要從這邊直接通過去呢！」

明明是很不愉快的事，只要用幽默的態度去面對，你會發現，悲劇和喜劇，其實都在一念之間。

美國的喜劇泰斗鮑伯霍勃深諳這個道理。

他的家裡有六個兄弟，每次上廁所，總要注意廁所有沒有人正在使用，鮑伯霍伯卻不以為苦，反而還自嘲地說：「在我排隊等著上廁所的時候，我學會了跳舞。」

不管是什麼事，只要戴上幽默的眼鏡，世界就會添上一層繽紛的色彩。

壞心情的確令人困擾，但是你不應該因此而替自己製造更多人際關係上的困擾。下一次，當別人不小心得罪你的時候，你不妨試著幽他一默，順便也幽自己一默吧！

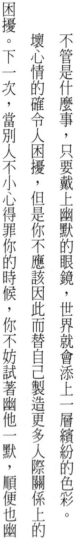

說完真話，要懂得適時裝傻

做人圓融，人生就得以圓滿。該說的話一定要說，但是說完了以後，也要留給別人一點說話的餘地。

馬克．吐溫曾說：「有些人相信誠實為上策，這是迷信，因為，有時候假裝老實，要比真正的老實要強好幾倍！」

的確，有些人寧願你用「假老實」來騙他，也不願意你用「眞老實」來傷他，因爲，有時候「老實」是一種頗傷人自尊的「心靈毒品」。

某人請客，非常擔心客人把自己喝窮，所以交代底下的僕人，在客人桌上一律擺放最小尺寸的杯子。

一名客人看穿了主人心裡打的算盤，故意舉起酒杯，發出嗚咽的聲音，主人便問他原因。

他煞有其事地說：「沒事，我只是見物傷情而已。去年我哥哥去世的時候，身體健壯得很，只是因為朋友請他喝酒，用的酒杯跟府上這個一模一樣，他手一滑，不小心把整個杯子誤吞了下去，活活噎死了。今天見到這個酒杯，我怎麼能不傷心？」

主人無奈，只好讓人去換了較大的杯子，但還是交代底下的人，斟酒時只需斟五分滿。

誰知，這名客人仔細端詳手中的酒杯，又有感而發地說：「這個杯子應該要截去一半。」

主人驚問為什麼，他回答說：「既然它的上半截閒置著不用，留它做什麼？」主人明白他的意思，只好命人把酒斟滿。

一餐飯下來，這名客人花樣百出，令主人非常感冒。這名客人也不是不會看人臉色，飯後，主人送客，來到門口時，客人問：「我剛才到府上來時，看見門上掛著一幅山水畫，現在怎麼不見了？」

主人說：「我這裡從來沒有掛過山水畫。」

客人聽了，露出恍然大悟的神情，說：「啊……我搞錯了，是我家裡的門上才掛著山水畫呢！我是在家喝醉了才來的，所以頭昏眼花，還一直把你這兒當作是我家呢！」

聽到客人這麼一說，原本氣得快火山爆發的主人心生體諒，一整晚所累積的不滿全都煙消雲散了。

莎士比亞曾經寫道：「任何彰明昭著的罪惡，都可以在外表上裝出一副道貌岸然的模樣。」

其實，一個高明的僞君子，不會在一切可能的場合，施展自己的僞善功夫，這些僞君子最厲害的地方在於，在所有不重要的事情上，沒有人能比他更公正、更老實、更坦率、更高尚。

越是有智慧的人，越懂得如何適時裝傻。

如果讓對方吃了有形的虧，就應該還他一點無形的快樂；如果讓人失了面子，就應該給他戴上高帽子。

做人圓融，人生就得以圓滿。該說的話一定要說，但是說完了以後，也要留給別人一點說話的餘地。

靈活運用身邊的資源

> 研究聰明人做過什麼事，能夠讓聰明的人變得更聰明，讓不聰明的人變得有自知之明。

英國著名的辭典作家約翰遜曾經對天才下定義說：「天才，就是蒐集、綜合、發揮和激勵旁人的能力。」

他告訴我們，聰明的人不見得擁有比別人更多的資源，他們只是不會放過身邊任何一項可以利用的資源，然後加以巧妙運用。

清乾隆年間，京城裡的工部衙門失火，皇帝命令大司空金簡召集所有的工人重新整修。朝廷中某位有才氣的官員聽聞此事，寫出一句上聯，叫做：「水部火災,金司空大興土木。」

短短的一個句子當中,包含了「水、火、金、土、木」五行,實為對聯的極至,因此,很久一段時間都沒有人能順利地對出下句。

當時,朝廷有某個中書科,長得高大魁梧,雖然出身南方,卻有著北方人的體魄,經常以此自豪。

為了解決這個惱人的對聯,他特地前去請教著名的才子紀曉嵐,要求他對出下句來。

紀曉嵐不懷好意地笑了笑,對他說:「要對出下句並不難,只是說出來恐怕會得罪先生您。」

這名中書科連忙陪著笑臉,對紀曉嵐說道:「沒關係,沒關係,只要你對得漂亮就行了。」

於是,紀曉嵐清了清嗓子說:「南人北相,中書科什麼東西。」

這個下句包含了「東、西、南、北、中」,恰恰與「水、火、金、土、木」配合得天衣無縫。

不管中書科是不是東西，此時都不得不佩服紀曉嵐果真不是個簡單的東西。

能夠罵對方而且還得到對方尊敬的，需要多麼高深的才學修爲？能夠心懷鬼胎而且還談笑自若的，需要多麼圓滑的聰明機智？

培根曾經說過：「研究歷史能使人聰明，研究詩句能使人機智，研究數學能使人精巧，研究自然哲學能使人深遠，研究道德使人勇敢，研究理則與修辭學使人知足。」

或許，我們都欠缺紀曉嵐這樣的才學修爲和聰明機智，但是，至少我們可以學會靈活運用身邊那些可以利用的資源。研究聰明人做過什麼事，能夠讓聰明的人變得更聰明，讓不聰明的人變得有自知之明。

老實說出自己的企圖

人生不可能完全盡如人意，與其要事情為你而改變，不如改變自己去迎合每一個你想要以及你不想要的狀況。

法國文豪巴爾札克在《高老頭》一書中曾經諷刺地說：「也許人的天性，就喜歡教那些為了謙卑，為了懦弱，或者為了滿不在乎忍受一切的人，去忍受不合理的一切。」

其實，當你遇見不合理的差別待遇，又遲遲無法獲得改善時，大可不必一味要求自己忍氣吞聲。

有時，不妨老實地直接說出你的「惡毒」企圖，如此一來，事情就會出現重大的改變。

一戶人家請客，席間，主人看某個不請自來的客人特別不順眼，因而故意在桌面上少擺一雙筷子，希望這名客人能夠主動知難而退。

豈知，不知道這名客人是真笨還是裝傻，完全沒有察覺出自己所受到的不公平待遇，依舊大剌剌地坐在位子上，一點要走的意思都沒有。

酒菜上桌之後，眾賓客紛紛舉起筷子準備夾菜，這個沒筷子的客人只能獨自在一旁袖手旁觀。

儘管他一再向僕人交代多補雙筷子過來，訓練有素的僕人都故意視而不見，置之不理。到最後，客人別無他法，只好站起來，大聲地對主人說：「請您給我清水一碗！」

主人詫異地問：「桌上有酒，你要水幹什麼？」

「我要用水把手洗乾淨，好伸手抓菜吃。」

你說，這名主人接著送上來的會是清水還是筷子呢？

既然沒有筷子，我們就應該要採取不用筷子的辦法。

如果這名客人堅持要一雙筷子，也許最後他什麼也得不到；由於他安於自己目前的處境，退而求其次，反而得到了他應得的一切。不要懷疑，這就是人生的奧妙。

如果想要的你得不到，那就靜下心來，看看你現在可以得到的是什麼。

人生不可能完全盡如人意，與其要事情爲你而改變，不如改變自己去迎合每一個你想要以及你不想要的狀況。

用幽默的心情面對不如意的事情

受到委屈的時候，不妨幽上一默，讓得罪你的人深深感受到你的智慧以及寬容，也讓不了解你的人見識到你的成熟與堅強。

幽默是一帖有效的潤滑劑，它可以化解劍拔弩張的場面，也可以消弱一觸即發的衝突。

用幽默來化解尷尬的場面，往往會比義正辭嚴來得更有效，不光是你覺得快樂，別人也可以感染到你的熱情。既然如此，你還有什麼理由不去學習幽默的秘訣呢？

詩人石延年非常喜歡喝酒，和唐朝大詩人李白一樣，都是舉止豪放卻滿腹

經綸的奇才。

石延年為人隨性，擅長幽默的對話。一次，他騎馬前去遊覽一座寺廟，不料半途中，牽馬的人一時不留神，讓馬失去了控制，突然驚跳起來。

馬背上的石大學士因而不慎落馬，摔得一鼻子灰。

這下子真糗！石延年皺著眉頭，一副很痛苦的樣子。

這下子完蛋了！牽馬的人膽戰心驚，痛苦的程度不亞於石延年。

侍從人員見狀，連忙趨前把主子攙起來，扶他跨上馬鞍。旁邊的路人也不甘寂寞，紛紛靠過來圍觀，心想這官員一定會大發雷霆，這個牽馬的傢伙也一定不得善終。

沒想到，石延年坐穩以後，只緩緩地揚起馬鞭，開玩笑地對牽馬人說：「好在我是石學士，換作是瓦學士的話，豈不早就被你摔碎啦？」

心理學家說，幽默和憤怒在心理上不能共存，所以趕走憤怒的最有效方法，就是用幽默的心情面對不如意的事情。

當你感覺到憤怒的時候，當然不會輕易原諒那個可惡的肇事者。不過，不管他有多麼不值得你原諒，繼續生氣對你來說都只是有害無利，只是把自己繼續侷限在委屈、憤怒……種種不好的情緒之上。

去原諒一個人，也許會使你失去伸張正義的機會，但卻可以爲你贏得心理上的安慰和平靜。

想想看，何者對你比較重要？

因此，受到委屈的時候，不妨幽上一默，讓得罪你的人深深感受到你的智慧以及寬容，也讓不了解你的人見識到你的成熟與堅強。

適時的幽默可以躲過災禍

幽默感是上天賜於人類最好的禮物，平常的時候，我們要善用它；遭遇到不平常的時候，我們更加不可以失去它。

林語堂在《論幽默》一書中說：「幽默是人類心靈的花朵。」古希臘醫學家則認爲：「幽默是治療疾病的調節方法。」

如果比人生比喻爲拳擊賽，那麼，在這場比賽中，面臨對手猛烈攻擊之時，幽默無疑是最靈活的閃躲步伐。

我們可以見到，具有幽默感的人，通常也是充滿機智的人，能夠從容地面對各種意想不到的災厄。

古代有位才子，人稱邢進士，一向以性情幽默聞名，只要有他在的地方，就一定充斥著連綿不絕的歡笑。正因為如此，儘管他身材矮小，卻從來不曾讓人忽略過他的存在。

一次，邢進士在山裡遇到了強盜。那強盜兇狠非常，不但把他身上的錢財搜刮一空，還揚言要殺死他以斬草除根。

就在強盜舉刀之際，邢進士並未露出懼怕的神色，反倒一本正經地對強盜說：「人們經常笑我長得太矮，稱呼我邢矮子，大爺您如果再砍去我的頭，我不就變得更矮了嗎？」

強盜聽了，不覺哈哈大笑，收起手上的刀，饒了他一命。

康德說：「幽默是理性的妙語解頤。」弗洛伊德也說：「最幽默的人，是最能適應的人。」

像邢進士這樣幽默的人，別人就是想殺他也不捨得。很多事，只要能夠讓對方笑了，一切就好辦了。

麥克阿瑟將軍在寫給兒子的祈禱文中，希望上帝除了賜給他兒子「在軟弱時能自強不屈，在畏懼時能勇敢面對自己，在誠實的失敗中能夠堅毅不拔，在勝利時又能謙遜溫和」之外，更祈求上蒼可以讓他兒子擁有「充分的幽默感」。

可見，幽默感是上天賜於人類最好的禮物，平常的時候，我們要善用它；遭遇到不平常的時候，我們更加不可以失去它。

不要剝奪自己歡笑的權利

人生難免會遭遇到許多不如意。既然愁眉苦臉是一天，開懷大笑也是一天，你又有什麼理由剝奪自己歡笑的權利呢？

湯姆．來里爾曾經幽默地說：「生命有如一條排水溝，你丟進去什麼，排出來的就會是什麼。」

說得更清楚一點，如果你丟進去的是喜樂的思想，那麼生命回報你的當然也會是取之不竭的好運。

南宋名臣葉衡在謫居郴州時，不幸染上了不知名的怪病，只能臥床在家，眾親朋好友聽聞此事，紛紛前來探望。

想到自己仕途不順，如今身子又不爭氣，葉衡不禁長嘆一口氣，悠悠地說道：「我知道自己恐怕活不長了，對這塵世我倒也沒什麼眷戀，只是不知道人死了以後，到底舒服不舒服？」

沒有人能夠回答這個問題，也沒有人願意花心思去揣想這個問題。

正當眾人哽咽的哽咽，感慨的感慨之際，一位書生突然開口說：「人死了以後，一定很舒服。」

葉衡驚訝地問道：「你是怎麼知道的？」

書生一臉正經地說：「如果死後過得不舒服，那麼那些死去的人們不就全都逃回來了！然而，從古到今，死去的人從來沒有回來過，所以，我敢保證，人死了以後一定很舒服。」

在座的人無不被他幽默的言詞逗得哈哈大笑，病房裡的陰霾一掃而空，換來的是好友相聚的溫馨與歡樂。

如果想要讓自己活得快樂，我們就必須將一些嚴肅的問題，套上輕鬆的想

法。若是你懂用幽默的態度去對待生命，你就會發現，人生其實也不過是個笑話而已。

當代最偉大的喜劇演員鮑伯霍勃，在面對自己中年發福的身材時，自嘲地說：「人年紀越大越難減肥，因為到了這個時候，你的身體和脂肪已經結為莫逆之交。」

在感嘆自己年華老去時，他又說：「當你買蠟燭的錢超過買蛋糕的錢之時，你就知道自己真的老了。」

人生難免會遭遇到許多不如意。既然愁眉苦臉是一天，開懷大笑也是一天，你又有什麼理由剝奪自己歡笑的權利呢？

換個讓自己舒服的想法

不管別人對你做了什麼，你的情緒都掌握在你自己的手上。換個讓自己舒服的想法，把所有的不愉快一次清光光吧！

你感到悶悶不樂？你感到諸事不順？你感到那個人的話刺傷了你？你感到背後有一雙惡意的眼睛一直在盯著你？

是的，人的感覺不可抹滅，你感覺到什麼，就是什麼。但重點是，你要如何去解讀這些感覺？

你要怎麼把這些不愉快的感覺轉換成愉快的想法？

記住，感覺是別人給的，但是，想法卻是自己創造的。

有個官員精力充沛，對生育之事特別在行，膝下子孫成群結隊，三代同堂生活得好不熱鬧。

但是，他的一位同僚命運恰恰與他相反，已經成婚多年了，卻仍在為生不出子嗣而發愁。

別人的不幸，正好襯托出自己的幸運；別人的失敗，正好反映出自己的成就。這名官員趁機對著同僚炫耀道：「你這個人啊，不是我說你，連個兒子也生不出，真是一點本事也沒有。你看看我，多好福氣啊，生了這麼多子孫，房子都快要裝不下了！」

同僚聽了，並不以為意，只幽默地回敬道：「生兒子，是你的本事；生孫子，可就不是你的本事了。」

簡單的一句話就化解了尷尬的場面。聽到這番對答的人無不大笑，讚揚這位同僚的幽默與智慧。

潛能開發專家馬修史維曾說：「每一件事情都是從想法開始，所謂的真

相，其實只是你個人對事情的解釋。」

別人可以踩你、罵你、嘲笑你，但是真正可以傷害你的，只有你自己。

他污衊你，你可以選擇不相信。

他譏笑你，你可以選擇不理會。

他吃定你，你聳聳肩、笑一笑，慶幸自己還有便宜讓別人佔。

說得更明白一點，不管別人對你做了什麼，你的情緒都掌握在你自己的手上。既然那個人、那件事讓你感覺很不舒服，那就換個讓自己舒服的想法，把所有的不愉快一次清光光吧！

輯3.

要報復，也得選擇幽默的方式

幽默面對事實才是最精采的報復方式！
他嫌棄你，你就要讓對方知道還有很多人喜歡你；
他看不起你，你更應該把自己提昇到無懈可擊。

何必在意別人的閒言閒語

不要在意別人無心犯下的錯誤，也不要理會他人的閒言閒語，當別人因為無知而出言得罪你時，更加不要去計較！

詩人白朗寧提醒我們：「能寬恕別人是一件好事，但如果能將別人的錯誤忘得一乾二淨，那就更好。」

雖然我們不需要用自己的熱臉去貼人家的冷屁股，但也不要吝惜給那些得罪你的人一個寬容諒解的笑容。

一名媽媽和正值青春期的女兒一同搭計程車出遊，當車子行經某個著名的風化區路段時，母女倆不約而同地看見一個個打扮妖艷的「阻街女郎」站在路

邊「等生意」。

女兒忍不住好奇地問：「媽媽，那些女生站在路邊幹什麼？」

「她們站在路邊，是因為……因為……因為她們在等老公啊！」為了不讓女兒純潔的心靈受到污染，媽媽撒了一個善意的謊。

誰知，前面的計程車司機聽了，竟不屑地插嘴說：「笑死人了，沒有知識也要有常識！白癡都看得出來那些女人是妓女！」

媽媽眼著看自己的苦心被司機白白踐踏，自然感到非常生氣。

就在此時，女兒接著問：「媽媽，那些妓女會生小孩嗎？」

「當然會啊！」媽媽冷冷地說：「要不然誰來開計程車！」

不尊重別人，也就等於不尊重自己；嘲笑別人，最後受傷的還是自己。

地球是圓的，世界是相對的。你種下一個好的因，就會結一個好的果；若是你種下的是一個惡因，自然也不要期望得到什麼好報。

人們常常埋怨老天爺不公平，其實，老天爺哪裡會不公平？只是祂的評斷

標準和世人有所出入罷了。

越是心思偏狹喜歡計較的人，越是得不到上天的眷顧，而那些不去計較的人，得到的反而最多。

因此，不要在意別人無心犯下的錯誤，也不要理會他人的閒言閒語，當別人因爲無知而出言得罪你時，更加不要去計較！

以牙還牙不是最好的方法

人與人之間的相處，受到不合理的待遇，我們心裡多少會覺得受傷，覺得對方太過可惡、不能原諒，甚至想要以牙還牙。

古希臘哲學家亞里斯多德曾說：「要發脾氣，誰都會，這並不困難，難的是當你發脾氣的時候，懂得如何掌握分寸，懂得採取適當的方式，最重要的是懂得用機智來代替憤怒。」

遇到不合理的事情，發脾氣不能解決問題，一個真正有智慧的人，會選擇用機智突顯對方的錯誤。

下面這則故事是要告訴你，若不幸誤闖黑店時，除了破口大罵、委曲求全，其實還有更好的解決之道。

一對夫婦開著車去旅行，計劃從紐約一路玩到波士頓去。開了好幾個小時的車之後，他們覺得很累，所以決定先去飯店休息一下。當他們到達飯店的時候，已經是半夜三點了，打算只睡幾個小時就離開，再繼續他們的旅程。

天才剛亮，夫妻倆便到櫃台去結帳，沒想到服務人員遞給了他們一張美金三百五十元的帳單。

先生很驚訝地說：「雖然這的確是一家很棒的飯店，但也不至於這麼昂貴吧！我要跟你們的經理談談！」

一會兒，經理出來了，向顧客解釋說：「我們這裡有符合奧運標準的游泳池，有高級的會議室及賭場，還有和好萊塢同等級的精采表演可以看，所以收取這些費用是合理的。」

「可是，這些我都沒有用到啊。」先生說。

經理理直氣壯地表示：「這些設備都在這裡，是你自己不用的。」

這位先生無話可說，只好開了張支票交給經理。

經理看了看支票的面額，皺著眉頭說：「先生，你這張支票只開了一百元，還有其餘的兩百五十元呢？」

先生說：「那兩百五十元，是你跟我老婆上床的費用。」

「可……可是……我並沒有跟你老婆上床啊！」經理聽了覺得莫名其妙，連忙替自己的清白辯駁。

「她一直都在這裡，是你自己不用的啊！」

風水輪流轉，以眼還眼、以牙還牙也許可以替你出一口氣，卻不能使你的心得到真正的平靜。

王安石曾經寫過一首打油詩：「風吹屋簷瓦，瓦落破我頭，我不怪此瓦，此瓦不自由。」

人與人之間的相處也是一樣，受到不合理的待遇，我們心裡多少會覺得受傷，覺得對方太過可惡、不能原諒，甚至想要以牙還牙。

這種時候，如果能夠靜下來從對方的角度來想，可能他像掉落的屋瓦一樣不長眼睛，可能他像掉落的屋瓦一樣受制於風，可能他被人性的弱點或某種力量牽制了，不能做個完全自由的人……

那麼，你又有什麼好生氣、好計較的呢？

在據理力爭之餘，莫忘反求諸己。就算眞的受騙上當，也不能完全怪罪於人，或許是你自己沒有先搞清楚事實，沒有先問清楚價錢。明眼人走路撞到沒長眼睛的桌子，你能說這是桌子的錯嗎？

喜歡損人，小心被損

報應總是在人們最沒有防備的時候到來，喜歡損人罵人的人，一旦出糗了，面對周圍的人「活該」的眼神時，恐怕只能自認倒楣。

俄國文豪托爾斯泰曾經說過：「憤怒或許對別人有害，但是，憤怒時受傷最深的其實是你自己。」

機智幽默可以說是人際應對不可或缺的智慧，尤其是當自己出糗或遭到言語攻擊之時，適時發揮機智幽默反唇相譏，絕對可以扳回一城。

無論是在男女關係的角力，或是國家民族的較勁，「欺人者，人恆欺之」這句話永遠都會是不變的眞理。

有個高傲自大的美國人來到台灣渡假，有一天，在海產餐廳裡點了一客龍蝦大快朵頤。當他吃到盤底朝天了以後，服務生殷勤地走上前去，準備把他的龍蝦殼收走。

這時，美國人好奇地問：「你們都是怎麼處裡吃剩的龍蝦殼的？」

服務生不疑有他，直覺地回答：「當然是丟到垃圾桶去啊！」

美國人說：「No！No！No！真是沒有環保概念！在我們美國，我們把吃剩的龍蝦殼送到工廠加工，做成蝦餅，然後再賣到你們台灣來！」

餐後，餐廳照例上了一盤水果。

當這名美國人吃完橘子，服務生正準備把橘子皮收走時，美國人又問：「你們又是怎麼處理這些吃剩的橘子皮的呢？」

服務生回答：「當然是丟到垃圾桶裡啦！」

美國人聽了之後，再度皺起眉頭說：「No！No！No！真是沒有國際經濟觀！在我們美國，我們把吃完的橘子皮送到工廠加工，做成果醬，然後再賣到你們台灣來！」

好不容易，這名討厭的美國人終於吃飽喝足，口裡嚼著口香糖走到櫃檯結帳，美國人又問服務生：「你們都是怎麼處理吃完的口香糖呢？」

服務生回答：「當然是丟到垃圾桶裡啦！」

美國人搖著頭說：「No！No！No！真是沒有成本概念！在我們美國，我們會把吃完的口香糖送到工廠加工，做成各式各樣的保險套，然後再賣到你們台灣來！」

此時，服務生反問他：「那你們美國人是如何處理用過的保險套呢？」

美國人回答：「當然是丟到垃圾桶裡啦！」

這時，憋了一肚子氣的服務生，終於逮到機會，回敬說：「No！No！No！真是不懂得資源回收！在我們台灣，我們都是把用過的保險套送到工廠加工，做成口香糖，然後再賣到你們美國去！」

遇到別人挑釁，不必暴跳如雷，也不必漲紅臉無言以對。

儘管反唇相譏並不是最好的方法，但是在「是可忍，孰不可忍」的時候，

如果你不想忍氣吞聲，就必須發揮機智，倒打對方一耙。

既然你讓我用口香糖做成的保險套，那我就奉還給你保險套做成的口香糖，你說哪一個比較缺德？

報應總是在人們最沒有防備的時候到來，那些自以爲是，又喜歡損人罵人的人，一旦出糗了，面對周圍的人「活該」的眼神時，恐怕只能自認倒楣。

人的潛力是無窮的，不管是發明演進的創造力，或是吵架鬥嘴的劣根性。但這是忍無可忍的狀況，與其挖空心思將精神耗費在唇槍舌劍的鬥嘴上，倒不如多用在對自己有益的地方。

不行的人最喜歡往臉上貼金

遇到喜歡吹噓自己有多神的人，根本不必和他們一般見識，最好的方法是用幽默的話語點出事實。

莎士比亞曾經教導我們如何面對患有「大頭病」的人，大意是說，要一個得意忘形的人看清他自己的嘴臉，只有舉一個相同的例子讓他做鏡子；倘若附和他的行為，或是沉默以對，只會助長他的氣焰。

讓對方照照鏡子，確實是一個好方法。

一個八十歲的老人去醫院做健康檢查。檢查的過程中，老人不斷向醫師炫耀，說他新婚的妻子有多好多辣。

「醫生，你知道嗎？我老婆年紀才二十出頭耶！」老人歡喜地叫道：「我們結婚四個多月，你知道她有多愛我嗎？不但無時無刻都想要跟我『那個』，還整天老公長老公短，黏我黏到我都嫌煩了！」

老人嚥了一下口水，又得意洋洋地說：「告訴你，我老婆最近還懷了孕！怎麼樣？羨慕我吧！」

只見醫生靜靜地聽著。從頭到尾不發一言。

診斷結束以後，醫師停下手中的筆，對老人說：「你的事情，讓我想到一位朋友的遭遇。這位朋友曾經跟我說過一個故事，是他在非洲狩獵時遇到的。那時，他在草原上遇到一頭獅子，立刻從背上抓起來福槍來瞄準。然而，他很快就發現他犯了一個大錯，他抓的是雨傘，不是來福槍。」

老人聽得目瞪口呆，醫生繼續說：「但是，這個時候，說什麼都已經太遲了，獅子就在他面前不到兩公尺的地方，而且一副要撲過來的模樣。我的朋友別無選擇，只好作勢把雨傘舉在胸前，使盡全身的力氣，對著獅子『砰！砰！砰！』大叫三聲。結果，奇蹟竟然發生了，槍聲過後，那頭獅子竟然倒在地上，就這麼死掉了。」

「這……這怎麼可能？」老人大叫：「那肯定是別人幹的！」

「嗯……」醫生贊同的點點頭，「我也這麼覺得。」

很多事情其實都是別人幹的，但是有些患了「大頭病」的人，明明自己不行，偏偏喜歡往自己臉上貼金。

遇到這種喜歡吹噓自己有多神的人，根本不必和他們一般見識，最好的方法是像故事中的醫生，用幽默的話語點出事實。

同時，我們也得提醒自己不要染上「大頭病」，才不會陷入尷尬處境。

當你碰上某件好事，處處都順心如意時，請想一想，你憑的是什麼？

當你認爲自己有多麼了不起，天地萬物全都操之在自己手上時，請你再想一想，你憑的又是什麼？

當你坐擁大好江山，覺得自己心想事成，得來全不費功夫之時，請想一想，你憑什麼？

時時刻刻回頭觀照自己，是預防「大頭病」的不二法門。

人可以享受自己的幸福，但千萬不要誇耀自己的幸福，更別把自己的好運視爲理所當然。

天底下沒有白吃的午餐，也沒有十全十美的人物，處於逆境時，要當心走，處於順境時，更要用心走。

人一旦得意，就容易忘形。美好的事物盡在眼前，你是天之驕子，你是天賜好運，但請回頭想一想，你究竟憑什麼？

別朝吝嗇鬼吐口水

文明人面對吝嗇鬼，當然沒必要朝他們吐口水，但是不妨運用機智幽默，適時酸他們一頓，讓他們了解自己在別人眼中究竟是什麼德行。

有個吝嗇鬼去酒吧叫了一杯啤酒，喝到一半時，突然覺得內急，但又怕上洗手間時杯子裡的酒被別人喝掉。

於是，他心生一計，向服務生借了筆和紙，在酒杯外面貼上一張紙條，寫道：「我在杯子裡吐了一口痰。」

然後，他便放心地去上廁所。一會兒，他回到座位，看見自己的酒還在那裡，一點兒也沒少，便很高興地舉起酒杯，正打算要一飲而盡時，他看見紙條上多了一行字，寫著：「我也吐了一口！」

吝嗇的人的特性是錙銖必較，千方百計不讓別人佔便宜，但事實上，他們爲此絞盡腦汁，除了換來嘲笑之外，自己又得到了什麼好處呢？

其實，對於那些吝嗇的人來說，刻薄別人幾乎已經成爲他們的家常便飯，因此，想要拆穿他們的眞面目，唯有用適度的機智幽默，才能讓他們的這種不良習性突顯出來。

有一戶人家聘請塾師來家裡教幾個孩子讀書，但是這家的主人非常吝嗇，供給塾師的飯食能省就省，能儉就儉，因此，塾師的飯碗裡經常只有星星點點的地瓜和飯，以及只剩下骨頭的肉，連個青菜都沒有，吝嗇到連孩子私底下都為老師抱不平。

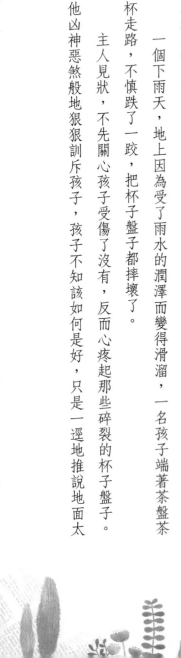

一個下雨天，地上因為受了雨水的潤澤而變得滑溜，一名孩子端著茶盤茶杯走路，不慎跌了一跤，把杯子盤子都摔壞了。

主人見狀，不先關心孩子受傷了沒有，反而心疼起那些碎裂的杯子盤子。他凶神惡煞般地狠狠訓斥孩子，孩子不知該如何是好，只是一逕地推說地面太

過溼滑。

主人說：「如果你可以寫出『滑』這個字，我就不修理你。」

「這有什麼難的！」孩子回答說：「『滑』這個字，就像老師的飯盒一樣，上面一點點，中間也一點點，底下瘦瘦的一批，右邊什麼菜都沒有，只有一根大骨頭。」

主人聽了，知道孩子是藉此諷刺自己平時對塾師刻薄。

想不到自己的心思全被孩子給看穿了，這個吝嗇的大人頓時覺得很不好意思，整張臉羞愧得紅了起來。

馬克吐溫曾說：「如果你懂得使用，金錢是一個好奴僕；如果你不懂得使用，它就變成你的主人。」

吝嗇的人表面上看來省下了許多，但實際上是把自己的時間和心思浪費在小事上，也會因此而失去了別人的尊敬和喜愛，偏偏他所失去的，是用多少錢也買不到的，你認爲這樣值得嗎？

節儉是一種美德，但是在節儉的同時，我們也應該做到不計較。你付出的只是你給得起的東西，得到的卻是買不到的友誼。

處事大方的人與吝嗇的人比起來，獲得的總是更多。因爲吝嗇的人只著眼於現在，大方的人卻會往遠處看。

文明人面對吝嗇鬼，當然沒必要朝他們吐口水，但是不妨運用機智幽默，適時酸他們一頓，讓他們了解自己在別人眼中究竟是什麼德行。

遇到難題要有反擊的勇氣

當你遇到問題時，不妨試著幽默一點，換個角度思考，你會發現，事情並沒有你所相信的那麼棘手複雜。

曾經改變無數美國人命運的激勵大師諾曼．文森特．皮爾博士說：「應該睜大眼睛看著困難，衡量困難的大小，對它進行分析。如此一來，你就會覺得，困難並不如它的外表那樣可怕。」

的確，困難之所以會是困難，是因爲我們從困難的角度看待它。

有時候運用不同的角度看事情，你會看見更寬廣的天，更蔚藍的海，以及更遙遠的地平線。

診斷室裡，醫生面色凝重地對病人說：「你得了一種非常罕見的傳染病。我們準備要把你隔離，你今後的每天都只能吃薄煎餅。」

病人詫異地問：「吃薄煎餅就能把我的病治好嗎？」

「當然不能，但根據我們討論的結果，目前想到能從門縫下面塞進去的，只有薄煎餅而已。」

這位病人的遭遇眞是悲慘，但是，有時候被「隔離」，你還是有一定的能力可以反擊！

某天，媽媽教訓兒子：「你再不聽話，我就要把你關進廁所裡，把門鎖起來，到時候你可別求我！」

誰知，兒子聽了，並沒有被嚇住，反而機伶地回嘴道：「那麼，到時候妳想上廁所，也不要來求我！」

是不是？換個角度去想事情，事情就變得簡單多了！

人生旅途上，我們可能會碰到許多不能解決的問題，更可能的是，我們碰到了問題卻選擇不去解決。

是因爲問題太難了嗎？還是因爲我們缺乏面對困境的勇氣？

或許只是因爲我們一味地相信薄煎餅能夠治病，卻忽略了眞正吃薄煎餅的原因；或許只是因爲我們只會自認倒楣地被關在廁所裡，卻忘了自己其實也有反擊的能力。

人生不如意之事十之八九，當你遇到問題時，不妨試著幽默一點，換個角度思考，你會發現，事情並沒有你所相信的那麼棘手複雜，問題也並不是你所以爲的那般堅不可摧。

先找出癥結，再設法解決

看事情，不要只看表面；要解決問題，就必須先找出問題的癥結，然後才能夠對症下藥。

做人做事的基本原則是，不要把時間浪費在「所見爲何」上，而要仔細地去思索「爲何有所見」。

不要埋怨這個世界上爲什麼有那麼多愛找麻煩的「賤人」，有時候不是別人賤，而是我們少了一點「心眼」。

老李走進一家餐館，點了一份濃湯。沒多久，服務員就以親切熱忱地態度把湯端了上桌。

豈料，服務員才剛剛轉身，老李就不悅地嚷嚷了起來：「搞什麼！這湯我根本沒有辦法喝。」

服務員依照餐廳的規矩，重新再端上來一碗剛剛煮好的湯，沒想到老李仍然不識趣地大聲抱怨著：「這湯我沒辦法喝！」

遇到這種「奧客」，服務員別無他法，只好找餐廳經理出面，試圖擺平這個執拗難纏的客人。

餐廳經理聽聞此事，畢恭畢敬地來到老李面前，客氣有禮地問道：「先生，這碗湯是本店的招牌菜之一，很多客人喝過以後都認為很不錯，請問您有什麼意見嗎？」

「我的意見就是……這桌上怎麼沒有湯匙呢？」

俄國諷刺作家克雷洛夫提醒我們：「不管面對什麼形式的批評，最好先弄清楚對方的意思，然後以機智幽默的方式回應。」

確實，有時候對方不滿的只是你沒給他「湯匙」，而不是你的「湯」不好

喝，摸不清對方的用意，根本無法讓對方滿意。

有錯就改，當然值得稱讚，但我們卻常常在還搞不清楚狀況前就急於改變，想從眼前的際遇翻身，結果大意失荊州，反而改掉正確的，留下錯誤的，對自己百害而無一利。

看事情，不要只看表面；要解決問題，就必須先找出問題的癥結，然後才能夠對症下藥。

遇到麻煩，大部分人都只急著解決問題，而沒有好好地去審視問題的本質。結果，力氣花了，功夫做了，問題卻有增無減，這種心態才是我們眞正該去面對的問題！

動錯腦筋，小心惹禍上身

不分尊卑、以牙還牙的勇氣固然令人佩服，但是奉勸你千萬不要輕易嘗試，因為不是人人都開得起玩笑。

近年來，人們很流行玩一種叫做「腦筋急轉彎」的遊戲，問題的答案往往脫離一般人的思考邏輯，不時令人捧腹大笑，是這個遊戲有趣的地方。

運動一下頭腦當然是一件好事，只是，有時腦筋轉錯了彎，是會令人啼笑皆非的，而且還會產生不良「禍」果。

課堂上，女老師問一位男同學：「樹上有十隻小鳥，用獵槍打掉一隻鳥，還剩下幾隻？」

男同學回答:「一隻也不剩,因為都被嚇跑了。」

女老師笑著說:「答錯了,按照數學的邏輯來說,應該還剩九隻,但是我喜歡你的思考方式。」

男同學被當眾指正,很不甘心,便說:「老師,我也有問題想請教妳。有三位年輕女生走在路上吃冰淇淋,第一個用咬的,第二個用舔的,第三個用吸的,請問哪一個結婚了?」

女老師想了想,滿臉通紅,很不好意思說:「……是不是那個用吸的?」

男同學笑著說:「不是,按照社會的風俗來說,應該是手上有戴結婚戒指的那個,但是我喜歡妳的思考方式。」

男同學不分尊卑、以牙還牙的勇氣固然令人佩服,但是奉勸你千萬不要輕易嘗試,因爲你的下場,很可能和下面這則故事的主角一樣。

考卷寫得很快的小明,為了打發無聊的時間,便在考卷的下方寫上:「背

面還有。」並在考卷的背面寫上「哈！你被騙了！」這幾個大字，想要開一開老師的玩笑。

過幾天，老師公佈成績，把考卷發了下來。小明接過自己的考卷，考卷正面並無給分，只在最下方寫道：「背面還有。」

翻過背面，小明只見幾個大字：「哈！你被當了！」

人應該把心思用在有用的地方，動錯了腦筋，恐怕就會惹禍上身。

不是人人都開得起玩笑，別忘了，有時你的前途還是很無奈地掌握在許多沒有幽默感的人手上。

要報復，也得選擇幽默的方式

幽默面對事實才是最精采的報復方式！他嫌棄你，你就要讓對方知道還有很多人喜歡你；他看不起你，你更應該把自己提昇到無懈可擊。

失戀實在是人生一大慘事，即使是威猛硬漢，此時也不免英雄氣短。一對情侶一旦分手，除了傷心、失望、緬懷……之外，被拋棄的一方也會感到生氣、憤恨，甚至痛定思痛，開始計劃報復！

但是，想要報復，得選擇幽默的方式，千萬不要犯下無法彌補的錯誤。

阿明在外島當兵的時候，慘遭兵變，交往多年的女朋友移情別戀，而且即將要和對方步入禮堂。

她寫信告知阿明這個晴天霹靂的消息，而且希望阿明可以將她過去的照片寄還給她。

阿明傷心之餘，決定輸人不輸陣，既然愛不到妳，就要把妳氣死。

他決定要以強者的姿態面對那個無情無義的負心人，即使輸了裡子，也還要保住面子。

於是，阿明向同袍們要了二、三十張女孩子的照片，連同女友的照片一起裝進信封裡，然後附上一張紙條，寫著：「請挑出妳自己的照片，其餘的再寄還給我。」

你不仁，就別怪我不義。面對背叛愛情的那一方，誰能夠不想盡辦法來讓自己好過！

報復他的始亂終棄，報復他沒有義氣，報復他浪費自己的青春，報復他言而無信。你的委屈、你的痛苦、你的傷心、你的不平衡，除了報復之外，實在找不到其他的出口。

那麼，就來一場狠狠的報復吧！

首先，你應該知道，一再的哭鬧、糾纏、灑狗血、賣弄可憐都只會讓對方走得更快，他非旦感受不到一絲罪惡感，反而會慶幸自己早點解脫。

裝瀟灑、裝放蕩、輕率地投入下一段戀情，也只會破壞你在對方心目中的美好形象，讓他原本對你的內疚一掃而空。

對舊情人而言，幽默面對事實才是最精采的報復方式！

他嫌棄你，你就要讓對方知道還有很多人喜歡你；他看不起你，你更應該把自己提昇到無懈可擊。不管他為你的表現感到高興或是後悔，你都一定會在他心裡留下一個漂亮的身影。

輯4.

用機智化解羞辱

面對羞辱，有幽默感的人懂得「用幽默代替沉默」，
會不疾不徐回敬對方，沒有幽默感的人，
恐怕就得陷在難堪的窘境之中，不知如何是好了。

愛做春夢，小心被嘲弄

想譏諷對方，最有效的方法是先說些場面話，表示贊同對方的想法，然後再冷不防來記回馬槍。

自己看自己，總是只看見優點，還有許多看不見的盲點被遺漏，旁邊的人看你，卻會清晰很多。

人，要了解自己，但也要相信，總有人會比你自己更加了解你。

不要老是做春秋大夢，否則只會惹來別人的嘲弄。

某甲看著國家地理雜誌，看見了一段有關非洲土著的專題報導，越看越投入，越看越著迷，像發現新大陸似的。

不久，某甲興奮地抬起頭來對老婆說：「妳知道嗎？這本雜誌介紹非洲的一個部落，在那裡，男人和女人上過床以後，女人竟然要付給男人十塊錢耶！真是不可思議的事情！如果有機會的話，我一定要到那裡去體驗一下這種收錢的滋味。」

「那我也要一起去！」老婆的話是請求，也是命令。

某甲想到老婆大人如影隨形的畫面，不禁低頭沮喪地說：「如果帶妳去的話，那我還有什麼樂子？」

「你放心，我跟著你去，不會干涉你找樂子的……」老婆深明大義，立刻微笑地補充道：「我只不過是想要看看，你每個月只賺二十塊錢，到底要怎麼過活！」

想譏諷對方，最有效的方法是先說些場面話，表示贊同對方的想法，然後再像這則笑話中的老婆，冷不防來記回馬槍。

不知道是不是因爲人貴爲萬物之靈的關係，我們總在不知不覺中就很容易

把自己放大，覺得自己超越別人，以為自己無所不能。正因為如此，人想的總是比做的還要多。

當然，我們得把自己放大，才能真的變大，因為你必須看得起自己，別人才會看得起你。

有自信、有夢想，人生才有希望。但是，做夢之餘，也請衡量自己的實力，別忘了夢想和現實之間的距離。

用機智化解羞辱

面對羞辱，有幽默感的人懂得「用幽默代替沉默」，會不疾不徐回敬對方，沒有幽默感的人，恐怕就得陷在難堪的窘境之中，不知如何是好了。

服務業是最多年輕人嚮往的行業，但想從事服務業，除了為人服務的熱忱之外，任勞任怨的精神也非常重要。

無論客人提出多麼無理的要求，服務人員永遠只能用微笑表達自己的立場。即使是用熱臉去貼人家的冷屁股，服務人員也只能把眼淚往肚子裡吞。

專業、耐性、反應敏捷是每個服務人員必備的條件，下面這個故事，足以作為你最好的範例。

一家航空公司因為班機延誤，導致櫃檯大排長龍。一時之間，有個橫眉豎眼的男人擠到隊伍的最前面，要求櫃檯小姐優先幫他處理。

小姐禮貌地說：「抱歉，先生。請您排隊好嗎？」

男人毫不客氣回答：「排什麼隊？妳知道我是誰嗎？」

櫃檯小姐反應迅速，馬上打開擴音機，從容地廣播說：「這裡是××航空公司，有一位先生不知道自己是誰，哪一位旅客可以辨認他的身分，請到第七號櫃檯。」

在場排隊的人聽了，都不約而同地笑了起來。男人覺得臉上無光，很生氣地說：「Fuck you！」

櫃檯小姐受到辱罵，依舊不改常態，慢條斯理地說：「就算您很想，那也要請您排隊才行啊！」

面對羞辱，有幽默感的人會不疾不徐回敬對方，沒有幽默感的人，恐怕就得陷在難堪的窘境之中，不知如何是好了。

服務人員不是沒有自尊，而是他們更加以客爲尊。不管遇到什麼樣的客人，他們總有辦法應付。

服務人員不是不需要人尊重，而是他們懂得先對別人表現出尊重。相逢自是有緣，先低頭的未必吃虧。

服務業也許處於社會的底層，但是服務業的精神卻比什麼都還要崇高。在酒酣飯飽、購物享樂的同時，請體恤服務人員的辛勞吧！

太刻薄只會帶來負面的後果

尖酸刻薄只會引來他人反感，不給台階也只會逼人狗急跳牆，若是你期望得到別人的尊重，就要先懂得尊重他人。

世事都是相對的，一個人可以驕傲，可以苛刻，先決條件是，他也必須忍受這個世界對他的冷漠與刻薄。

面對不如己意的事情，最好保持平靜，和顏悅色說出自己的要求，千萬不要尖酸刻薄地指責別人，否則只會帶來更多負面的後果。

一名有潔癖的男子光顧一家餐廳吃飯。

過了一會兒，他看見侍者端著他點的菜走了過來，沿路竟然把自己的姆指

插在菜裡。男子頓時怒火中燒，立即找來了餐廳經理，向他投訴這名沒有衛生觀念的侍者。

餐廳經理深感抱歉，立刻把這名侍者叫過來詢問。然而，這個侍者卻溫吞地解釋說：「對不起，我因為姆指受傷，醫生說要隨時保溫，所以我才會這麼做。」

這名有潔癖的客人根本沒有辦法接受侍者這番自以為是的強詞奪理，他毫不客氣地對侍者說：「要保溫，你怎麼不把你的手插到屁眼裡啊！」

侍者聽了這話，連忙向客人辯解道：「有啊，我沒有端菜的時候，就是把手插在屁股裡。」

保持平靜的心境，就能冷靜面對生活中的一切不順心意的事情，何必暴跳如雷，盡說些刻薄的話？

對人刻薄，其實是對自己殘忍；侮辱別人，最後受傷的往往還是自己。

無論好人、壞人、君子、小人，都同樣期待他人以禮相待。你以文明的方式和對方相處，對方自然就會表現得像個文明人，相反的，你用對待流氓的方式對待他，他便會徹底表現得像個流氓。

這個世界是一面鏡子，你發射出什麼樣的訊息，回應你的也就是什麼樣的訊息。尖酸刻薄只會引來他人反感，不給台階也只會逼人狗急跳牆，若是你期望得到別人的尊重，就要先懂得尊重他人。

用嘴巴賣弄聰明算不上智慧

上天賦予我們說話的能力，不是希望我們用嘴巴佔人便宜，而是讓我們用話語來表現自己的智慧。而有的時候，懂得沉默，也是一種智慧。

不好聽的話分爲兩種：一種是忠言逆耳，另外一種是酸葡萄心理。

所謂「病從口入，禍從口出」，不必要的話能不說就儘量不要說，否則，即使你講的是忠言，聽在別人的耳裡也只會是酸葡萄心理。

有個人仗著自己伶牙俐齒，經常喜歡說話戲謔人。

一次，他鄰居家的新居剛落成，他於是準備了禮品前往祝賀。一進門，劈頭便說：「這房子做得妙。」

「妙」字與「廟」字同音，他自以為這句話要表達的意思是，這新房裝潢得就像一座廟。

主人素知他的為人，聽出話中有話，非常不高興，便反擊道：「我這房子，充其量只能當作公家的廁所罷了。」

「咦，怎麼這麼說呢？」客人好奇地反問。

「如果這房子不是廁所的話，為什麼你一進門就放屁呢？」

主人的一句話噎得客人啞口無言，只能怪自己聰明反被聰明誤。

一個成熟有智慧的人，面對別人的貶抑，並不會動不動就用生氣來解決問題，而是會用機智來宣洩自己的怒氣。

在這個已經被「口水」淹沒的社會裡，想靠一張嘴行遍天下的人比比皆是，因爲這些人認爲，只要動動嘴皮子，就能輕鬆地顯示自己比別人聰明，有時還會獲得意外的利益，何樂而不爲？

說話人人都會說，但在開口之前，請先想想，你說這話的目的，是爲了娛

樂自己，還是取悅別人？

若是爲了賣弄聰明而得罪別人，無論這話說得多麼巧妙，聽起來也只是一句沒有價值的廢話。

人們既然有嘴巴，有腦袋，那麼就只應該說兩種話：一是有幫助的話，不管幫的是自己還是別人；二是讓人聽了高興的話，把歡笑帶給這個世界。

上天賦予我們說話的能力，不是希望我們用嘴巴佔人便宜，而是讓我們用話語來表現自己的智慧。有的時候，懂得沉默，也是一種智慧。

無法解決，就把所有的人都拖下水

下次遭遇到困難時，不要著急，不要氣餒，換個角度想想如何把全部的人都拖下水，事情就很可能會出現嶄新的面貌！

新的都市求生法則第一條：「在路上碰到搶劫時，不要喊『救命』，而要喊『失火了！』」

爲什麼明明被搶，卻要喊「失火」？

因爲，被搶是你家的事，失火可是大家的事！

一名愛犬人士帶著他心愛的小狗出遊。

沒想到在遊艇上，小狗意外失足落水，狗主人焦急萬分，連忙要求船長中途停船，好讓他可以把小狗撈救上來。

然而，船長斷然地拒絕了他的請求，並且向他解釋說，因為船上的旅客眾多，所以不可能為了一條狗停船，枉顧其他人的權益和時間，畢竟，這不像救人那麼重要。

狗主人聽聞此言，二話不說，立刻縱身一躍跳入水中，然後誇張地揮動雙手不斷大呼救命。

船長見到這種情形，只好無奈地把船停了下來，讓這名旅客和他的小狗都得以撿回一條小命。

有時候，讓事情大到無法解決，讓所有的人都不得不參與，雖然賤了一點，倒不失是一種解決之道。

做人做事不能只往單一方向思考，遇到瓶頸的時候，懂得逆向思考，才有辦法突破思路的死角。

平常就要多訓練逆向的想像，科學家愛因斯坦曾經說：「想像力比知識更

重要。因為知識是有限的，而想像力概括著世界上的一切，推動進步，並且是知識的泉源。」

逆向思考常常能將不易解決的困難輕鬆排除，因此，下次遭遇到困難時，不要著急，不要氣餒，換個角度想想如何把全部的人都拖下水，事情就很可能會出現嶄新的面貌！

只有機智才能化解糗事

只有充滿幽默感以及高度自信的人，才能兵來將擋，水來土淹，把場面做一個圓滿的善後。

你有沒有聽過世界上最短的黃色笑話？

那個笑話是這麼說的。

上課的時候，教授一走上講台，便問班長：「有沒有應到的未到？」

班長愣了一下，很小聲地回答：「我…我……我好像沒有聞到……」

雞同鴨講的情況不斷地發生在我們生活的周遭。幸運的話，這只是每日笑話一則；萬一不走運，這就成了史上最倒楣的糗事一件。

發生在適當的時候，大夥兒一笑置之；發生在不適當的時候，也許會誤了你的大事。

人生中的意外防不勝防，再怎麼小心也很難完全避免，唯一的方法，是在事情發生的當下，你該懂得如何反應。

話說英國首相威爾遜在一次演講當中，台下突然有個異議份子，站起來高聲打斷了他：「狗屎！垃圾！」

威爾遜雖然受到侮辱，但他急中生智，不慌不忙的回應道：「這位先生，請稍安勿躁，你所提出來的關於環保的問題，我馬上就要講到了。」

一句話輕鬆的化解了這個尷尬的場面，更讓人相信，只有真正有智慧的人，才能在危急時刻做出有智慧的反應。

語言是溝通的工具，同時也是認識一個人的「呈堂證據」。

要了解一個人的內在其實很簡單，有時候從他的談話內容或反射動作，我們就可以很清楚地了解他是怎樣的人，此時此刻心裡又想些什麼。

一個人的臨場表現反映了這個人的人格特質。粗魯的人也許會在緊張的情況下大飆粗話，毛躁的人也許會不知所措、毫無建樹，害羞的人也許會聲淚俱下、語無倫次，只有充分準備以及高度自信的人，才能兵來將擋，水來土淹，把場面做一個圓滿的善後。

如果你還不是這樣的人，請從現在起，用心雕塑出你想要的人格。

用幽默化解無謂的爭執

面子之爭沒有實質好處，人要贏在骨子，不要只贏在表面上或言語上；要爭春秋之名，而不要只爭一時的人氣。

踩低別人並不一定能抬高自己，就算你能舉證歷歷說明你比別人好，也不能代表你究竟有多好。

遇到比較、爭論的時候，你最需要的並不是咄咄逼人地顧全自己的面子，而是用幽默化解這種無謂的爭執。

詩人薩克雷曾經說過：「可以這麼說，詼諧幽默是人們在處理人際關係時，所穿的最漂亮的服飾。」

確實如此，幽默的話語不僅可以潤滑你的人際關係，也可以化解尷尬或對

立的氣氛，讓你處世更加具有競爭力。

一名大學教授和兩名德高望重的朋友一塊兒喝酒。酒至半酣，這兩個朋友居然為了誰的權力比較大而發生口角，一時爭論不休。

說起來，他們的來頭不分上下，一位是環保局的高官，另外一位是計劃生育室的主管，旁觀者幫哪一邊都不對。

夾在中間的大學教授於是陪著笑臉說道：「你們兩位先別吵，說實在的，你們的份量都不是普通的，特別是你呀，」大學教授對著環保局的高官說：「你上管天，下管地，中間還要管空氣。」

此話一出，自然一家歡樂一家愁，大學教授連忙轉頭對面子快掛不住的那一位計劃生育室主管說：「你呀，更不得了，你不管天，不管地，就是專管所有人的生殖器。」

是管天管地比較大，還是管生殖器比較大呢？人與人之間的比較，真是永

遠也比較不完。

只是比贏了，出頭了，對於贏家本身有什麼好處？比輸了，對於輸家來說又有什麼損失呢？

那不過是一種落人笑柄的私人恩怨，不過是一個幼稚的面子問題。眞的要比較，在心裡偷偷估量對方就好了，把話搬上檯面，就算你贏了面子，恐怕也早已輸了裡子，就算證明了你的份量比較重，恐怕也間接說明了你器量有多小。

面子之爭沒有實質好處，人要贏在骨子，不要只贏在表面上或言語上；要爭春秋之名，而不要只爭一時的人氣。

你是機智，還是白目？

很多人都以為自己很機智，殊不知在別人眼中，只不過是個既不學無術又白目的大白癡。

在人生戰場上，我們不僅跟別人競爭，同時也跟自己競爭。真正的成功者，往往是不斷累積自己實力的人，而不是那些只會混吃等死又自以爲聰明的人。人可以不聰明，但不可以不識時務。要是沒有過人的智商，又不知腳踏實地，不懂得察言觀色，那叫做「白目」。

上國文課時，老師在講台上喃喃不停地講課，突然點名道：「同學！我們上節課教過一句話：『人生自古誰無死』，你來接下一句！」

那名被點到的同學素來喜歡在課堂上打瞌睡，別說是上節課了，就連上上節課、上上上節課他也是在瞌睡中度過，怎麼可能答得出來？

但他還是鼓起勇氣面對現實，從容不迫地從座位上站起來，回答道：「人生自古誰無屎，有誰大便不用紙？」

結果，這名同學就這麼被當了！

就在隔年，他又重修這位老師的課。

老師認得這名同學的臉孔，再次重施故技。他選在所有同學都昏昏欲睡的時候，刻意點名問：「同學！我們上節課教過：『人生自古誰無死』，你來接下一句！」

這一回，學生學乖了，他決定要答得比去年更好更完整。

只見他從座位上站起來，搖頭晃腦地回答道：「人生自古誰無屎，誰能大便不用紙？若君不用衛生紙，除非你是用手指。」

很多人都以爲自己很機智，殊不知在別人眼中，只不過是個既不學無術又

白目的大白癡。

聰明用對地方，人們會說你是「曠世奇才」；聰明用錯地方，你有多聰明就會有多悲慘，因爲那叫做「自作聰明」、「聰明反被聰明誤」。

才華無價，卻不一定有人懂得欣賞。即使是千里馬，也是因爲運氣不錯，遇上了伯樂，所以才成爲一匹稀世珍寶，否則，牠空有一身技能，終其一生也只不過是一匹桀驁不馴又難以駕馭的野馬。

一個眞正聰明的人，一定懂得分辨誰是識人伯樂，誰是睜眼瞎子。一個眞正聰明的人，不需要時時刻刻都表現得冰雪聰明，只需要在不同的人面前，表現出自己所預期的樣子。

明哲保身總好過鋒芒畢露，大智若愚，才是眞正的聰明！

避開語言陷阱，才不會被驅逐出境

語言的傳遞有這麼多的障礙和陷阱，我們又怎麼能不在說話時「說清楚、講明白」呢？話講清楚一點，誤會便能減少一點。

很多時候，話沒講清楚，誤會便因此而生。

雞同鴨講的情況屢見不鮮，一句話少了幾個字，意思就不一樣了，雖然不至於產生天大的誤會，但卻有可能因此而造成尷尬的場面。

一位小姐到鄉間旅行，看到一個小男孩滿身大汗地拉著一頭牛……

小姐好奇地問：「你要把牛牽到哪裡去？」

男孩回答：「到隔壁村子去和母牛配種。」

「隔壁村子離這裡多遠呢？」

「沿著這條路一直走下去，大概走上一天一夜就會到了。」

真是太過分了，這麼粗重的工作居然落到一個這麼瘦小的小孩子身上，簡直是虐待孩童。

於是，這位小姐又問：「難道這工作不能叫你父親做嗎？」

男孩回答：「當然不行！這事一定得叫公牛才行！」

是不是？話只要稍微沒講清楚，雙方就會因此而產生誤解。

這種情形發生在日常生活中，可能被視爲笑話，但要是發生在正式場合，卻有可能被對方當成羞辱。偶一爲之也許會有「笑」果，但經常如此，就會被視爲溝通不良。

既然溝通不良，那就乾脆避之大吉好了！大部分人都會這麼想。於是，你就這麼被驅逐出境了！

有一句俗話說：「說者無心，聽者有意」，說話的人表達出自己的意思，

聽在別人的耳裡卻有可能成了另一種意思。

既然曉得語言的傳遞有這麼多的障礙和陷阱，我們又怎麼能不在說話時「說清楚、講明白」呢？

話講清楚一點，誤會便能減少一點。

輯5.

想前進一尺，有時必須先後退一步

日本作家扇谷正造說：
「世界上最聰明的人，
就是懂得使用聰明人的人，
使世界上的知識為自己所用。」

把對方罵得無言以對

用輕鬆的方式諷刺，將自己見到的景況，用另一種方式加以描述。只要反應敏捷，通常就可以罵得對方無言以對。

俄國諷刺小說家克雷洛夫在提及罵人的技巧時，曾經幽默地說過：「語言就像是一把剃刀，最鋒利的剃刀會幫你把臉刮得最乾淨，不過，你必須做到靈活地運用這把剃刀。」

對於蠻橫無理的人，不要一味強調自己的立場，應該避開雙方相持不下的情況，爲自己找到了絕佳的出口。

懂得以巧妙的迂迴戰術避實就虛，用對方的邏輯來打敗對方，正是聰明人獲得勝利的重要關鍵。

小段是一個吃人不吐骨頭的超級大奸商，專幹拐人、騙人、坑人的勾當，靠著卑劣的手段，累聚大筆不義之財。

有一天，小段在市中心閒逛，看中了一棟新蓋好的豪華大樓，便打算租下來當作企業總部，強化自己的「門面」，經過幾次討價還價之後，終於把大樓租了下來。

小段為了詐得更多錢財，刻意把企業總部裝修得富麗堂皇，此外，為了讓全體員工每天上班的時候，都能瞻仰自己的英姿，更找來一個畫家，打算為自己畫一幅全身畫像，掛在大門口。

這位畫家在作畫時，請小段露出笑容，擺一個自然的姿勢，小段便嘴角斜揚，並習慣性地把右手插進褲子的口袋裡。

這時，湊巧有一個廠商聞訊，趕來找小段催討積欠的貨款。誰知，小段到債主上門竟恬不知恥地揮揮手說：「錢的事情待會兒再談嘛，你先看看我擺的這個姿勢怎麼樣！」

這個一肚子火的廠商看了看小段，又看了看畫像，諷刺地說：「嗯，倒是畫得不錯，但是，如果這位畫家能把你的手，畫成插在別人的口袋裡，那就更加傳神了！」

拿破崙曾說：「世界上有兩根槓桿可以驅使人們行動，一是利益，一是恐懼。」

這是因爲利益使人不顧臉皮，無所不用其極；恐懼使人一味盲從，無法掌握成功的契機。

現代人所謂的「競爭」，其實是認定了生活周遭的每一個人，都是威脅到自己生存的敵人；所謂的「成功」，就是像故事中的小段，無所不用其極地把自己的手伸進別人的口袋，意圖掏空裡頭所有的錢財，然後據爲己有。

現代人一味地把「搶奪」視爲終極目的，進行一次又一次的盲目爭奪，然後以此論定優劣與勝敗；很少人會靜下心來，認眞地思索在「利益」與「恐懼」這兩個槓桿驅使下，自己千方百計搶到的東西，究竟是鑽石還是糞土。

這種爭先恐後的心態，使現代人流露出原始的獸性，而越來越沒智慧變得越來越勢利、浮躁、淺薄，完全忽略了自己到底爲何要爲了一些蠅頭小利，參與這些赤裸裸的「競爭」？

要批評這種唯利是圖的小人，必須具備一些幽默感，用輕鬆的方式諷刺，才不會氣壞自己的身體。

你可以像故事中的廠商，將自己見到的景況，用另一種方式加以描述。只要反應敏捷，通常就可以罵得對方無言以對。

用幽默的方法，說出你的真心話

能以最小的風力駕駛，從最大的阻力中取得動力，才是最優秀的水手。

——梭羅

我就是要用錢罵死你!

培根在《人生智慧》中說:「報復無非說明一個人和他的仇敵一般見識,如果寬容不加計較,這就使他高於自己的對手。」

世間的每個人都是獨立的個體,也擁有各自的思想和行爲模式,因此,面對不盡如己意的景況,希臘詩人荷馬曾經勸告我們說:「把你激動的心情按捺下去,因為溫和的方式最適宜;還要遠離那些劇烈的競爭。」

不管在日常生活或是工作場合,千萬不要只想到突顯自己而不考慮別人,這是維持良好人際關係最重要的準則。

不尊重別人感受與立場的人,不管擁有如何高深的學識,最終只會引起別人的討厭與嫌惡,很難達到有效溝通的目的。

小郭因為朋友捲入一樁刑事案件，而被法官列為重要證人，傳喚他必須在星期一下午出庭作證。

為此，星期一當天，小郭特地向公司請了半天假前去法院報到，誰知當天承辦該案的這名法官，審理的案件相當多，時間一分一秒地過去，法官卻始沒訊問他。

好不容易等到了黃昏時候，法官終於點了他的名字，卻對他說道：「對不起，郭先生，我們的下班時間到了，請你明天下午再來吧。」

小郭聽了，很生氣地大叫：「哪有這樣的事！我為了出庭作證，足足等了一個下午耶！你們當法官的，跟那些專門打混摸魚的公務員一樣，一點效率都沒有！」

累了一個下午的法官聽了這番話，不禁大發雷霆說道：「你在法院態度竟然這麼惡劣，我就先判你藐視法庭，罰鍰一百銀元！」

小郭聽了二話不說，馬上掏出皮夾數數裡頭的鈔票。這時，法官有點後悔

自己因為工作繁重，說話太過衝動，於是口氣和緩地對他說：「別急，等你收到判決書再繳。」

言下之意是他不一定會寄出判決書。

豈知，小郭抬頭看了法官一眼，不屑地回答說：「我是在算皮包裡的錢，總共還可以再罵你幾句？」

培根在《人生智慧》中說：「報復無非說明一個人和他的仇敵一般見識，如果寬容不加計較，這就使他高於自己的對手。」

講述自己的情況時，要儘量保持態度上的和緩，維護對方的尊嚴，給他們「面子」，有時會收到意想不到的效果。

就像故事中的小郭，如果他和顏悅色告訴法官，自己爲了出庭作證特地請假，而且足足等了一個下午，相信法官再累也會加班審理案件。

相對的，故事中的法官如果不因爲工作繁重而大發雷霆，那麼，也不會遭到小郭進一步的羞辱。

即使對方是非常固執、非常難纏的人，只要你以溫和的態度去面對，也會使他們解除敵意。

倘使你肯替別人預留轉圜的空間，相信多數人也會儘量通融，做出你期望他們做的事。

其實，人與人之相處，只要多留意一下自己應對進退的態度，就會影響別人的磁場，從而使雙方都心平氣和去看待問題。

千萬別一開始就抱著「以牙還牙」的態度，面對讓你生氣的人。因爲，這種對立態度只會使事情越鬧越僵，對彼此都沒有絲毫益處。

用幽默的方法，說出你的真心話

沒有什麼人比那些不能容忍別人錯誤的人，更經常犯下錯誤。

——拉羅什富科

用「誇獎的好話」開罵

最高明的罵人方式就是不帶任何髒字，但所說的話卻比髒話還要毒，關鍵在於你是否懂得用「誇獎的好話」來罵人。

英國作家毛姆說：「如果每個人都發現自己愚蠢到什麼程度的話，世上將有一半的人寧願自殺。」

大多數人的生命之所以膚淺、卑微，就在於他們只知道抄襲剽竊，對自己的生命所下的功夫太淺薄。

他們無法歡呼收割，是因爲他們播撒在心田的種籽原本就不多，而且大多是從別人那裡偷來的、快腐爛的種籽。

有一天，上作文課的時候，熱愛文藝創作的國文老師，要全班同學先利用第一堂課，各寫一首新詩，然後在第二堂課輪番朗誦。

到了第二堂課，大家開始朗誦自己的作品，但是，由於大部分的作品都寫得不好，老師聽得連連搖頭。

意外的是，輪到平常作文寫得最爛的小明朗誦的時候，老師卻面露微笑，頻頻點頭。看到這樣的讚賞，小明心裡十分得意，便擺出誇張的肢體動作，賣力朗誦自己的詩作。

小明朗誦完後，老師突然步下講台，朝小明的座位走去。

小明一心以為老師特地要當著全班同學面前誇獎他，誰知，老師走到他面前，竟然伸出右手，對小明說：「幸會幸會，徐志摩先生，您不是幾十年前就墜機去世了嗎？到底是什麼時候投胎轉世的？」

一個人如果不懂得爲自己的人生打好基礎，就會專靠抄襲得過且過，而且不知藏拙，硬要用剽竊來的東西裝飾自己。

這樣的人，等於將「草包」兩個大字寫在臉上，不論走到哪裡，都將淪為別人茶餘飯後的笑料。

人生是個心智成長過程，不曾用心為自己培養智力、能力的人，不但難以應付目前的事物，更無法因應時空環境的劇烈變化，注定要在人生路途中跌跌撞撞，一敗再敗！

遇到這種把草包寫在臉上的人，最好的方式就是用「誇獎的好話」進行諷刺，讓他樂陶陶地從雲端摔下來。

最高明的罵人方式就是不帶任何髒字，但所說的話卻比髒話還要毒。想到達這個境界，關鍵在於你是否懂得用「誇獎的好話」來罵人。

用幽默的方法，說出你的真心話

有些人的腦袋，就像他們的帽子一樣，很容易就被風吹走。

——佚名

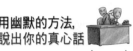

你可以用現金謝謝我！

只會裝腔作勢，又狗眼看人低的人，是社會上最不受歡迎的人。面對這種人，最好的方式就是告訴他：「你可以用現金謝謝我！」

以事實爲基礎進行衍伸的諷刺，是最高明的罵人方法，不僅可以達到「罵人不必用髒話」的效果，更讓當事人找不到反駁的著力點。

不過，使用這種方法必須留意，因爲有些愛面子的人聽了這樣的諷刺，極可能會惱羞成怒，暴跳如雷。

小張分期付款買了一部ＢＭＷ新車，趁著假日神情愉快地開車到花蓮去玩，由於對路況並不熟悉，又愛開快車，竟然在一個大轉彎路段，衝進路旁農田裡。

小張狼狽地從車裡爬了出來，幸虧沒有受傷，只是愛車正四腳朝天地躺在稻田裡，讓他既心疼，又不知該如何是好。這時，幾個在附近種田的原住民青年聽到聲響，連忙趕了過來，熱心地合力將車子翻正，然後用拼裝車將小張的愛車拖出農田。

當大家費盡九牛二虎之力，在稻田裡推車的時候，小張卻擔心自己的名牌衣服、鞋子會被泥土弄髒，像個局外人似的站在一旁吆喝。直到大家把他的車子拖到大馬路旁，他才虛情假意地裝出一副很感激的模樣：「非常感激你們幫忙，我真不知道該怎麼謝謝你們才好！」

這時，一個原住民青年看不過去，猛地冒出一句：「喔，事情沒那麼嚴重的啦，不管現金或是支票，我們都收的啦。」

話一說完，在場的人莫不捧腹大笑，只有小張一臉尷尬，哭笑不得。

日本經營之神松下幸之助曾說：「如果把勤勉努力去掉，那麼一個人所剩幾何？人有所期待的時候，更需要勤勉努力；這是人生的一大原則。」

好高騖遠的人通常都是「動口不動手」的懶惰蟲，特徵是害怕吃苦，好逸惡勞，只貪圖物質享受。

這種人就有如故事中的小張，打從心裡就瞧不起那些幫他推車、拖車的原住民青年，也打從心裡不想做自己應該做的事，因此，連自己的愛車掉進田裡，也像局外人一樣袖手旁觀，深怕弄髒自己的雙手，弄髒自己的衣褲。

像這種只會裝腔作勢，又狗眼看人低的人，是社會上最不受歡迎的人。

人都渴望獲得別人的幫助，但是這種人只會「動口不動手」，等別人幫忙完才虛情假意地說：「眞不知道該怎麼謝謝你才好！」

面對這種人，最好的方式就是告訴他：「你可以用現金謝我！」

用幽默的方法，說出你的真心話

卑劣的人在有所需求的時候所做的誓言，一旦脫離了險境，就會忘得一乾二淨。

——古希臘哲人德謨克利特

說話藝術是人際潤滑劑

口才代表一個人的自信心，也代表了一個人的思想、智慧，表現出一個人的人格特質，也是人際關係的潤滑劑。

《聖經》有句話說：「一句話說得合宜，就如金蘋果在銀網子裡。」絕妙的說話藝術爲人鑄造了一顆金蘋果，但是金蘋果會不會落在銀網子裡，還得看聽話的人是什麼材質。說話的最大技巧，便在於先培養「銀網子」的聽話藝術。說話不只是說好話，還得說別人聽得進去的好話！

有一次，一位才思敏捷的牧師進行了一場非常精彩的佈道，說道：「人類是上帝所創造最完美的作品，在座的每個人都是從天而降的天使，你我都是上

帝眷顧的寶貝。因此，活在這個世上，大家要肯定自我的價值，善用上帝給予的獨特恩賜，去發揮自己最大的力量。」

聽眾當中有人不服牧師的說法，站起身來，指著自己不滿意的塌鼻子，質問牧師說：「牧師先生，如果真像你所說的，人是從天而降的完美天使，請問我的鼻子為什麼麼會這麼塌呢？」

另一位嫌自己腿短的女孩也起身表示相同的意見，認為自己的短腿應該不是上帝完美的創造，又何來天使之說呢？

台下議論紛紛，只見牧師神態自若地回答：「上帝的創造是完美的，而你們兩人也絕對是從天而降的天使，只不過……」

隨即，牧師指了指那名塌鼻子的聽眾，對他說道：「你在降落到地上時，讓鼻子先著地罷了！」

接著，牧師又指一指那位嫌自己腿太短的女孩：「至於妳，雖然是用腳著地，可是卻在從天而降的過程中，忘了打開降落傘。」

英國思想家培根曾經說過：「用適當的話語和別人進行交談，遠比言詞優美、條理井然更為重要。」

口才代表一個人的自信心，也代表了一個人的思想、智慧，表現出一個人的人格特質，更是人際關係的潤滑劑，藉由三言兩語，你可以實現自我，也可以把它轉爲解決問題的工具。

再精深再博大的學問，都不如說話的藝術來得有用！

口才好，進而揚眉吐氣，你的人生是彩色的；口才不好，人微言輕，就會活得忍氣吞聲，人生只是黑白。說話是種藝術，我們總覺得自己做得還不夠好、不夠精練、不夠傳神，但正因爲它是一門藝術，它永遠都有可以改進之處。

用幽默的方法，說出你的真心話

沒有一把利劍是單刃的，每把劍都有雙刃，一邊傷了別人，另一邊就傷了自己。

——雨果《悲慘世界》

想前進一尺，有時必須先後退一步

日本作家扇谷正造說：「世界上最聰明的人，就是懂得使用聰明人的人，使世界上的知識為自己所用。」

美國自然主義作家愛默生曾經如此說過：「任何限制我們能力的東西，我們稱為『命運』。」

但是，一個成功的人，除了自己要有本事之外，最重要的是必須要臉皮夠厚，也就是不要因爲別人的嘲笑和異樣眼光，就放棄原本的目標，如此，才能夠不瞻前顧後，做一個扭轉自己命運的主人。

見人說人話，見鬼說鬼話，是任何成功大人物必備的一項特異功能，因爲，如果他們沒有一個能夠見風轉舵的舌頭，又如何能說出一番動聽的話語，

讓別人瞬間軟化立場呢？

美國著名的政治家霍普金斯，從政之前是個優秀的學者，三十歲那年就獲得殊榮，受聘擔任芝加哥大學的校長。

許多資深教授和學校職員對於這項人事案心中相當不滿，紛紛質疑霍普金斯那麼年輕，是不是能勝任大學校長的職位。

霍普金斯明白眾人心中的懷疑和猜忌，也知道自己想更上層樓，就必須化解眼前這些阻力。於是，他在就任典禮上謙虛而且相當感性地對在場與會人員說：「像我這樣一個三十歲的年輕人，所見所聞是那麼淺薄，需要仰賴各位前輩幫忙的地方，實在太多太多了。」

霍普金斯短短的一番話，使那些原來嫉妒、懷疑他的人，緊繃的情緒一下子就放鬆了，認為他是一個虛懷若谷的年輕人，心中的敵意隨即消弭於無形。

日本作家扇谷正造說：「世界上最聰明的人，就是懂得使用聰明人的人，

使世界上的知識為自己所用。」

像霍普金斯這樣以退爲進的謀略，一般人很難理解箇中的奧妙，因此大多不願適時地加以採用。

許多人遇到了這種情況，往往喜歡表現得自己比別人高明、強大，或者極力想證明自己確實是有特殊才幹的人才，然而，結果往往適得其反，徒然加深雙方的心結。

想要提昇自己的處世競爭力，做人做事一定要講究策略和技巧，如果你臉皮不夠厚，那麼，非但無法達成自己的目的，而且還會陷入各種無法預知的陷阱和圈套，使自己的人生充滿危機……

維爾曾經寫道：「現實中的困難皆可克服，唯獨你礙於面子問題，而不敢去突破的困難無法解決。」

的確，面對外界的阻力，我們往往爲了面子問題而做出錯誤的因應舉動，然而，這不僅無法眞正解決問題，可能還會因此爲自己招來失敗的厄運。

以退讓開始的人，終將以勝利收場，因爲，你可利用言詞的讚美和形式上的尊重，掌握或改變他人的意志；你也可以表面上以他人的利益爲重，實際上則爲自己的利益開闢道路。

爲了向目標前進一尺，有時候就必須先退一寸。

讓步其實只是暫時的迂迴策略，想要避免在現實社會中吃大虧，就不應計較在言詞上或形式上吃點小虧。

如果你能將退讓的策略妥善加以運用，無形之中，你就減少許多敵人，獲得許多助力，達到借力使力的效益。

用幽默的方法，說出你的真心話

最無懈可擊的謊言，通常是在不聲不響時說出來的，而且，這些謊言大都會被人認為是肺腑之言。

——斯蒂文生

待人處世要多用「寬」字

對於身邊的人，我們應該多一點鼓勵和支持，少一點嘲諷與譏笑。不管結果成功或是失敗，沒有人不希望得到多一點安慰和肯定。

不要老想挑剔人的短處，因爲「雞蛋裡挑骨頭」只會讓自己挑回一擔擔的「尷尬」，結果不僅傷害他人更傷自己。因此，待人接物要用寬闊一點的胸襟容納人生百態，規劃生活則要從更遠更寬的視野中尋找未來。

懂得「寬」字的生活秘訣，我們才能擁有多彩多姿的人生閱歷，以及更圓融的人際關係。生活不能太一板一眼，能多一點靈活變化與寬度，我們才能眞正地享受到生命的美妙滋味。

有個圖書業務員正在廣場上推銷公司出版的各種圖書，生動活潑的行銷方法，很快地吸引了許多聽眾。只見業務員仔細地介紹一本本圖書，每一本書都很清楚地分門別類，專業的他不僅能舉出某一類書中的經典，還能隨手拿起任一本書籍，仔細地分析其中的重要環節。

比如說，當他手中拿起一本電腦圖書時，他就會將現今所有相關的電腦資訊一一連繫。如果他拿到的是一本文學書，那麼不僅會詳細解說作者創作的寓意，還會將相關的文學作品一塊兒融會帶入，讓人們不只有認識他手中的這本書，還會對其他的文學圖書產生好奇。

當現場聽眾著迷於口若懸河的推銷中，人群忽然有個人問道：「請問賣書的，這些書你全都看過了嗎？」

推銷員笑了笑，隨即反問道：「請問您是做什麼工作？」

那個人回答：「藥劑師。」

於是，推銷員說：「藥劑師啊，您會不會親口嚐過自己所賣的藥呢？如果沒有嚐過的話，難道你都會先試一下嗎？」

觀眾們聽見他的機智回答，全忍不住哈哈大笑。

無論業務員的反問是否有取巧的意圖，故事中真正的旨意是「學習體諒」。對於身邊的人的付出與努力，我們應該多一點鼓勵和支持，少一點嘲諷與譏笑。不管結果成功或是失敗，沒有人不希望這一路走來的辛苦付出，得到多一點安慰和肯定。

不要老是想給人難堪。將心比心，生活轉個場景，換作是我們自己，面對這樣有心的找碴，相信沒有人會感到愉快。因此，遇見這些努力生活的人，請默默地爲他流下的汗水鼓掌，因爲掌聲中飽含著我們對人的關懷與尊重。

用幽默的方法，說出你的真心話

太過迎合別人，就會失去自己。因此，不要害怕拒絕別人，如果你可以想出冠冕堂皇理由的話。

——高爾基

用幽默感化解生活危機

幽默的功力，不僅可以讓人們化干戈為玉帛，更能讓原來的是非變成了笑談，輕輕鬆鬆地把大事化小。

具有幽默感的人必定是個萬人迷，懂得自嘲技巧的人，也經常是人們最歡迎的合作對象。因爲，幽默感不僅可以化解人際之間的尷尬，更能讓我們身上展現出一份無法隱藏的自信風采。

幽默是征服人心的力量，小小的幽默就可以化解生活危機。

因爲懂得幽默感的人，最不喜歡看見愁眉苦臉，因此他們會隨時地提醒自己：「用微笑面對生活，用陽光心情面對人生，如果拿自己開玩笑可以換得更多的笑聲，那麼讓自己出一下糗又何妨？」

著名畫家張大千先生臉上的大絡腮鬍，早就成為他的代表特徵，他的言談也每每展現藝術家的幽默感。

這天，他和幾位老朋友一塊吃飯，席間有個朋友要求每個人要講個笑話。只是不知道怎麼了，好幾個人像是商量好了一樣，居然一連講了好幾個嘲笑大鬍子的笑話。

後來，張大千聽出了朋友們是故意開玩笑的，因此一直沉默地帶著微笑聆聽，沒有插嘴。等到大家都講完了故事時，他才清了清嗓子說：「來來來，我今天也要講一個關於大鬍子的笑話。」

朋友們聽見張大千這麼說，臉上紛紛出現既尷尬又吃驚的表情，因為他們以為，當大家都選了關於鬍子的笑話之後，張大千應該會把話題岔開，轉移大家的注意力才對，沒想到他竟然還要講「大鬍子」的笑話！

只見張大千親切地說：「三國時候，關羽在麥城一役中吃了敗戰，後來更不幸被吳國士兵所殺，他的好兄弟張飛報仇心切，一時大意，酒醉後也被殺了，

眼見二位兄弟都被殺害，劉備大怒之下決定興師討吳。

當時，關羽的兒子關興與張飛的兒子張苞都在軍中，也一心要為父親報仇，因此兩個人爭著要當先鋒，這令劉備十分為難，不得已出了道題目考他們：『你們兩個各自說出自己父親生前功績，只要誰父親功勞多，我就讓誰做先鋒。』

張苞一聽，立即不假思索地說：『父親當年三戰呂布，喝斷當陽橋，夜戰馬超，鞭打督郵，義釋嚴顏。』

關興一聽，心想這個頭功居讓讓他搶了去，一著急居然又口吃了起來，他支吾了半天才說了一句：『我父五綹長髯……』

然後，他便再也說不下去了，沒想到就在這個時候，關公竟然顯靈了，他站在雲端上，聽見兒子只說出了這一句話，氣得大罵道：『不孝子！老子生前過五關斬六將，溫酒斬華雄之事你不說，偏偏要在老子的鬍子上做文章！』」

張大千的故事說到這兒便說不下去了，因為在座的朋友聽到這裡，全都忍不住笑得人仰馬翻了！

幽默的張大千藉著三國故事中的人物，來指正朋友們的玩笑開過頭，當然也順勢化解了自己的尷尬。

其實，這是一個很體貼的舉動。張大千希望朋友們能尊重他的大鬍子，不用直接的批評來告誡朋友，而是用幽默的方式輕巧帶出心意。就像他說到關公怒斥關興不說偉大事蹟，偏偏挑他的五絡長髯來誇耀的那一段，其中他也意有所指，怪朋友爲何不找其他話題，偏偏要拿他的大鬍鬚八卦。

從中，我們領略到幽默感的功力，不僅可以讓人們化干戈爲玉帛，更能讓原來的是非變成了笑談。因此，學習幽默感，不僅能讓生活變得有趣，更能讓我們輕輕鬆鬆地把大事化小，小事化無！

用幽默的方法，說出你的真心話

說話要謹慎，嘴邊要備上一把鎖。也許有人正等待著看你滑倒呢，倘若不小心，你就會在他面前被自己的言詞絆倒。

——《智訓》

輯6.

別讓幽默變得尖酸刻薄

尖刻的幽默很容易趨於殘忍，
譏諷、攻擊、責怪他人的幽默，雖能引人發笑，
卻常常會產生意想不到的嚴重後果，
使本來融洽的關係產生隔閡。

別讓幽默變得尖酸刻薄

尖刻的幽默雖能引人發笑，卻常常會產生意想不到的嚴重後果，使本來融洽的關係產生隔閡。

很多學者都認爲，幽默是在社會生活的基礎上而產生，不是飄浮在空中的幻影；幽默的存在，表現了人們多方面的社會功利需要，包括懲惡除暴，調解糾紛，溝通內心世界……正因爲如此，使得幽默自然地要和諷刺、嘲笑、揭露和調侃聯繫在一起。

但是，千萬別忘了，不管幽默是基於善意的諷刺、溫和的嘲弄或嬉笑，仍然得經過一番思慮才是。

幽默可以減弱批評別人之時的針鋒相對，透過誘導式的意會，讓對方明白

自己的眞正意思。

有個靠房地產業致富的紐約巨商，碰巧遇見了大作家海明威，非要他簽名留念不可。

海明威對這個俗不可耐的爆發戶相當不屑，於是用手杖在沙上寫下了自己的名字，接著說：「請您收下我的簽名吧！」

魯迅先生也曾說過類似的笑話，譏諷那些現實勢利的小人。

有個很窮的乞丐，很喜歡在人前誇耀他與富人的交往。有一次，他從外面吃飯回來，很高興地對大家說，今天那位遠近馳名的富人跟他說話了。

大家也都奇怪，那麼趾高氣揚的人，怎麼會和一個乞丐說話打交道呢？

於是，有人便問他：「那他跟你說了些什麼？」

乞丐很得意地說：「當我一大早走進他的宅子，向他討幾個錢的時候，他對我說：『滾出去』！」

話才說完，立即引來哄堂大笑。

魯迅慣用的嘲諷，是用於諷刺那些趨炎附勢的小人，而不是對一般的人。

在我們的日常生活中，諷刺他人需經過理智的考慮，因爲尖刻的幽默很容易趨於殘忍，使人受到傷害、產生焦慮。

譏諷、攻擊、責怪他人的幽默，雖能引人發笑，卻常常會產生意想不到的嚴重後果，使本來融洽的關係產生隔閡。

在交談當中，有的人用些陳腔濫調折磨著每一個賓客，不讓自己的舌頭休息片刻，卻自以為是學識淵博。

——斯威夫特

何必用髒話宣洩自己的情緒？

用幽默處理事情能避免衝突的發生，還能反客為主，把問題轉變成為反擊對手的輔助利器。

法國文豪巴爾札克曾經寫道：「世上所有德性高尚的聖人，都能忍受凡人的刻薄和侮辱。」

就算你不想當聖人，至少也要設法當個受歡迎的人，遇到那些言行刻薄的人，也要懂得恰當地回應，才不至於將氣氛鬧僵。

你想成爲人見人愛的交往對象嗎？

那麼，就別再與人怒目相向，也不要再任由情緒隨時爆發。忍住想破口大罵的情緒，冷靜你的脾氣，在情緒高漲前提醒自己：「要微笑！」

喜歡用微笑與幽默來解決事情的人，很難不吸引人的目光。

俄國詩人普希金年輕的時候，有一天參加了一場舞會。在會場中，他被一位美麗的女孩吸引，於是緩緩地走向女孩面前，接著禮貌地邀請女孩共舞。

未料，這個女孩滿臉傲慢地說：「不，我不能和小孩子一塊跳舞！」被恥笑為「小孩子」的普希金，對於這個不禮貌的回應一點也不生氣。他還是保持風度，很有禮貌地鞠了躬，接著微笑說：「對不起，親愛的小姐，我不知道您懷著孩子！」

說完，普希金便離開了。至於那個原本態度高傲，遭到反諷的驕傲女孩，一時間居然被這句話塞得啞口無言。

還有一次，普希金應邀到某地方演講，演說之時，忽然有個孩子走上來對

他說：「普希金先生，我非常喜歡您和您的書喔！請問我可不可以用您的名字，為我的小獅子狗命名呢？」

天真孩子的童言童語登時引來哄堂大笑。當然這個孩子並無惡意，不過這樣的提問對普希金來說還是有些難堪。

於是，他笑了笑說：「孩子，我的確贊成你的意見。不過，有一件事很重要，你別忘了先問小獅子狗，看看牠對這個名字是否滿意！」

說完，現場再度響起了一陣哄堂大笑。

古羅馬思想家西塞羅論及言談的藝術時說：「玩笑與幽默會給人帶來樂趣，而且常常可以產生巨大的作用。」

從普希金的這兩則軼事，我們不難得到印證。這兩則幽默例子，不僅表現出詩人的生活睿智，更突顯他待人處事的紳士風度。

在應對女孩失禮的態度時，他的幽默嘲諷反而產生更深刻的省思作用；在面對童言無忌的提問中，那個幽默的玩笑確實輕鬆地化解了他的尷尬處境。

在這個「智」與「禮」兼顧的幽默故事中，不僅讓我們看見了用幽默來解決問題時的趣味，更讓我們明白了，原來用幽默處理事情更能避免衝突的發生，還能反客爲主，把問題轉變成爲反擊對手的輔助利器。

千萬不要一不如意就用髒話宣洩自己的情緒，而是要發揮幽默感解決問題。

培養幽默感其實並不難，只要我們從掌握個人的情緒開始，要求自己凡事都要冷靜處理，那麼不管什麼樣困難或尷尬的問題找上門，我們自然懂得如何用更有趣的角度去分析解決。

用幽默的方法，說出你的真心話

想讓對方接受原本不想接受的看法，最好使用對方喜歡聽的語言。

——塞巴特勒

用趣味的方式改變對方的態度

不論在什麼情況下，半諷喻、半包容的幽默力量，最有治療的功效，那一點也不傷害人，反而能點出問題的癥結，讓對方改變態度。

語言是人類交流的工具，人與人之間交往和溝通，都離不開語言。語言，是我們表現自己、交流思想，並將喜怒哀樂等複雜情緒與情感傳遞出來的最佳方法。至於幽默，則是語言的精華。

想要建立良好的人際關係，或是改變對方的認知，成功地使事情朝自己期望的方向發展，非但不能口出髒話，更要用幽默的說話方式，把自己的意見滲透到別人的心裡。

面對個性迥異或一時鬧了彆扭的親情手足，有時也可以用貌似嘲笑的關懷言語，讓對方得到一些安慰，快速地彌補差異與裂痕，縮短雙方的距離。

曾經有一對夫婦大吵一架之後，感情出現了裂縫，然而重感情的丈夫之後卻很後悔。

於是，他把妻子帶到窗前，眺望窗外的一幅景象，那是兩匹馬一同拖著一車乾草往山上爬的景象。

丈夫輕輕地說：「為什麼我們不能像那兩匹馬一樣？」

妻子回答說：「因為，我們兩個之中有一頭是驢子。」

丈夫聽見妻子這麼說，換了個笑臉，溫情地表達：「是的，我也這麼想，那麼我們就別再吵了，請良馬同情一下那頭可憐的驢子吧！」妻子不禁笑了一聲，兩個就這麼和好如初。

不論在什麼情況下，半諷喻、半包容的幽默力量，最有治療的功效，那一點也不傷害人，反而能點出問題的癥結，讓對方改變態度。

馬克吐溫在鄰居的圖書室裡閱覽書籍時，有一本書深深地吸引了他，好學的他便問鄰居可否借閱。鄰居先是答應了，卻又說了個「但是」：「歡迎你隨時來此閱讀！但是，你只能在這裡看，你知道，我有個規矩，我的書不能離開我的房子。」

幾個星期之後，這位鄰居來拜訪馬克吐溫，向他借用鋤草機。

馬克吐溫爽快地回答說：「當然可以，但是依我的規矩，你得在我的庭院使用它。」

莎士比亞曾經說過：「幽默和風趣是智慧的結晶。」

就像馬克吐溫一樣，當我們想要改變別人的態度時，常常需要用趣味的方式，用善意的幽默來影響他人，以其人之道還治其人之身。想要改變對方，想讓別人留下深刻的印象，就必須懂得說些機智風趣的話，不能動不動就出口成「髒」。

與別人發生爭執，也千萬不要一副沒知識、沒水準的老粗模樣；要是狗嘴吐不出象牙，那就別指望說服對方。

用幽默的方法，說出你的真心話

不管贊成或者是反對某件事，兩種意見總是會有大量的理由。語言的藝術就在於你如何充分地表達。

——心理學家馬克·拉莫斯

不要讓幽默造成反效果

譏諷、攻擊、責怪他人的幽默，雖能引人發笑，卻常常會產生意想不到的嚴重後果，使本來融洽的關係產生隔閡。

美國學者赫伯．特魯曾指出：「幽默是構成人的活力的重要部分，是產生創造力的源泉。」

法國作家格威更斷言：「幽默是比握手更文明的一大進步。」

魯迅先生則評論道：「一個缺乏幽默感的民族，往往是一個災難深重的民族、一個不幸的民族。」

誠然，幽默是美麗而神奇的東西，它可以成爲人與人之間的潤滑劑，除去人們心中的壓力，給人們輕鬆歡愉的心情，爲紛亂爭鬥的世界披上一層柔和的玫瑰色彩，爲嚴寒的冬天帶來一股暖流。

但是，任何幽默在社會心理上的價值，並不意味著它的普遍性，幽默的社會功能和文化功用，也不是指它具備了萬能的效應。

因爲它是一朵帶刺的玫瑰，任何不耐煩、莽撞、尖銳、低俗都有可能使你飽嘗苦果，因而幽默雖好，但卻不要用來揭人傷疤，或者說，不要在別人傷口上撒鹽。

對於某些人，我們常常覺得可笑又可憐，因而總是想譏刺他們，卻又必須諒解與寬恕他們，這種內在的矛盾，便造就了幽默語言的暗示性和閃爍性。

但是，譏諷性的幽默有著嚴重負效應，因此，使用幽默進行批評性言談的時候，就要反覆地嚴格推敲，不要讓人產生被嘲笑的感覺。

曾經有個高級飯店的服務員，總是不愛刮鬍子，雖然大家經常提醒他，他仍然積習難改。

有一天，經理找他談話，等他一進辦公室，經理劈頭就這樣問：「小宋，

你想一想，你身上最鋒利的是什麼東西呀？」

小宋愣了一下，掏出水果刀，說道：「可能就是這把水果刀了。」

經理搖頭，說：「不見得，我看應該是你的鬍子。」

小宋不解地問，「為什麼？」

「因為它的穿透力特別強。」

小宋醒悟過來後，氣得滿面通紅。

還有位地理老師，在講到西南地區的岩溶地形時，形容鐘乳石的形狀時，突發奇想地說：「如果大家不太清楚什麼是鐘乳石，那你們應該知道女性乳房是什麼樣子，它為什麼叫鐘乳石，就因為像女性的乳頭。」

此語一出，真是語驚四座，女生們感到無地自容，而調皮的男生們則大呼小叫起來。

最後，這件事被人檢舉到校長那兒，這位地理老師受到了嚴厲批評，並且向同學們道歉了事。

幽默若不能爲人們帶來歡娛和快樂，反而帶來不悅和痛苦，這便成了一件遺憾的事，同時也犯了幽默的大忌。

就像這位老師，以爲自己發揮了幽默感，沒想到結果卻令自己狼狽不堪，從而威信掃地，不是很冤枉嗎？

用幽默的方法，說出你的真心話

最狡猾的謊言，會在最單純的事實之前無地自容。

——台奧多爾．蒙森

用同理心動搖別人的心

要用同理心動搖對方的心，別只想透過強硬的理論或證據逼使對方同意自己的觀點，否則不但無法達到說服的目的，還可能使談判破局。

人際之間的黏合劑是感情，人與人交往時，要說服人最有力的武器也是感情。所以，在勸說的過程中，要想說服對方，就應該先在感情上征服他。

想說服別人之時不要急躁，關鍵之處是要贏得他的心，而不是和他比智力，如此，你便有可能使他贊同你的觀點。

有一位梅公，在固安縣做縣令。固安有許多顯貴的豪族和官宦後裔，根本不把小小的縣令放在眼裡，稍有摩擦，便和縣令當面爭執，不過梅公總是心平氣和地對待這些人。

後來，有個貴族拿著豬蹄來拜訪梅公，要求他為自己要債。梅公一口答應，隨即烹豬蹄擺酒席，還派人召集債務人來聽候發落。債務人來到後，都說自己太貧困無法還債。梅公喝斥道：「你們瞎了狗眼嗎？貴族的債哪能拖欠啊？你們竟敢以貧困為藉口拒不還債，聽著！不論是誰，今天都得還債，誰敢拖延，就準備死於刑杖之下吧！」

梅公指桑罵槐訓斥一頓之後，債務人都一個個哭泣著離去，那名貴族見狀，心裡有些不是滋味。

接著，梅公又找了一位債務人，對他說：「我當然知道你很窮，但是欠債還錢是天經地義的事，你快把老婆孩子賣了，然後拿著銀子來見我吧！不過，我身為地方父母官，怎忍心讓你妻離子散呢？所以就寬限你一天吧！今夜，你回家和妻子兒女告別，明天就狠下心把他們賣了吧！」

這名債務人聽了這話，更加悲痛、哭泣不已。那個貴族也傷心地落下了眼淚，對梅公說：「算了，我不要他們還債了！」並當場焚毀了債券。從此以後，那些豪門顯貴們討債時，都知道要寬大地對待債務人了。

若是梅公以理來說服貴族，或是痛罵他們為富不仁，可能不但無法成功幫助那些債務人，反而還會得罪那位顯貴。但是，梅公聰明地從情感上下手，先「正話反說」，讓貴族有同理心、了解負債者的痛苦，進而使貴族了解到自己應該寬大地對待欠債的人，這正是善用「情感」說服人的成果。

同樣的道理，我們在勸說過程中，也要善用同理心動搖對方的心，別只想透過強硬的理論或證據逼使對方同意自己的觀點。否則不但無法達到說服的目的，對方一怒之下，還可能使談判破局，那時可就後悔莫及了。

用幽默的方法，說出你的真心話

不要相信以德報怨之類的傻話，敵人是絕對不會變成朋友的，就像仇人是絕對不會變成情人。

——尤里・留利柯夫

消除對方的「心結石」

> 要駁斥對手的惡言惡語，聰明的人不會用硬碰硬的方式解決問題，而會發揮創意，用機智幽默的言語來達成自己的目的。

人的身體除了可能會有膽結石、腎結石之外，應該還會有「心結石」。所以，在人際交往的過程中，如果感到有人對自己有成見，而這個人對整件事又至關重要的話，就要先想辦法瞭解對方心中到底在想些什麼。

放任不管或冷漠以對，絕不是好辦法，要針對問題挑明解說，讓對方有重新思考的機會，如果對方能想得通，心裡的「結石」自然就會溶解！

甘迺迪競選美國總統時，許多民眾雖然頗為欣賞他的聰明才幹，但是心中還是存有一些疑慮。

首先，他似乎太年輕了，美國歷史上還沒有這麼年輕的人當總統；其次是他的宗教信仰，甘迺迪是天主教徒，但當時天主教徒只佔美國公民的十分之一，民眾害怕甘迺迪當上總統後，會對人民的宗教信仰自由有所影響。

甘迺迪深知民眾心中的這些疑慮，不過，他不但不迴避這些問題，反而針對大家心中的疑慮一一做了說明。

例如，當競選對手譏諷他過於年輕，透過媒體攻擊他：「要當總統，總得有幾根白頭髮吧？」

甘迺迪提出的回應是：「頭髮白不白和能不能當總統沒什麼關係，最重要的是頭髮下面有沒有東西！」

他又對自己的宗教信仰問題做了說明：「就是因為天主教徒是美國的少數公民，所以如果我選上了總統，就代表這個國家尊重少數公民，以後黑人、黃種人和其他少數信仰不同宗教的人都可以當總統了。」

甘迺迪所做的解釋不但一掃大家心中的疑慮，甚至還因此奠定了少數公民的票源，最後順利當選總統。

所以，如果知道別人腦袋裡有錯誤的思想、對自己有成見，就該像捉蟲子似地將它揪出來，如果姑息，那就是害了他，彼此的關係也不會改善。

不過，捉蟲子也要有技巧，像小蟲子跑進耳朵時，只要用燈照一照，蟲子就會自己跑出來，如果硬去摳耳朵，蟲子反而會越跑越裡面。

相同的道理，要駁斥對手的惡言惡語，爭取別人認同，千萬不能硬「摳」。聰明的人不會用硬碰硬的方式解決問題，而會發揮創意，用機智幽默的言語來達成自己的目的。

用幽默的方法，說出你的真心話

一個人既不可以相信自己的話，更不可以相信別人的話，應該只相信自己的行動和別人的行動。

——托爾斯泰

適合自己的，就是最好的

每種幽默形式都有優點和缺點，運用時得先衡量自己的優缺點，然後再從眾多幽默形式中，選出最適合自己的加以發揮。

許多人都意識到幽默的重要性，特別是在表達個人想法的問題上，適度發揮幽默有助於推銷自己。

一般說來，想表達個人看法的時候，無論是面對一個人還是面對一大群人，人人大都希望透過幽默的方式，將自己的觀點更確切、有效地表達出來，爭取別人的認可和支持。

但是，許多人在這方面還缺少應有的自信心，有些人認爲自己不善於說笑話或講有趣的故事，不會把幽默與自己的觀點融合在一起。要解決這一障礙，關鍵在於多學多練、大膽嘗試。

一開始運用幽默技巧時，不必要求過高，不必非得企求造成強烈的說服力與感染力，同時要明白，並非只有透過笑話才能表達幽默。

一般而言，一個完整的笑話要有人物、地點、時間，有令人發笑的情節，最後有個令人深思結尾。

不能否認，這樣完整的笑話確是表達幽默的一種極佳手法，但是，不要忘記還有許多更爲簡潔的幽默，例如俏皮話、雙關語、警句等等。它們可能屬於笑話，也可能不屬於笑話，但都是幽默的形式之一。

雖然笑話是個傳達幽默的方式，但非絕對必要，況且那種只靠講笑話引人發笑的效果也不一定很好，因爲有時會顯得過於膚淺，無法給人更深刻的感覺，對方也不一定理解。

畢竟，每種幽默形式都有它的優點和缺點，因此在運用時，得先衡量自己的狀況，衡量自己的優缺點，然後再從中選出最適合自己的加以發揮。

有一次，名作家布萊特因故迫不得已要辭退某個僕人，並幫他寫了封推薦信，然後對他說：「我在信中說你是個誠實的人，並且忠於職守，但是我不能寫你是個清醒冷靜的人。」

那個僕人說道：「拜託，您難道就不能寫我是『經常』清醒的人嗎？」

有個拳擊手在比賽中重重地挨了幾拳，立時頭昏眼花、腳步不穩，面對台下的噓聲，幽默地說：「別噓他，我這個樣子必定把他嚇壞了，他現在一定很害怕，怕打死我。」

有位演說家在講到喝酒的害處時，不禁喊道：「依我看，應當把酒統統扔到海底！」

聽眾之中有個人大聲說：「我贊成。」

演說家一聽更加激動，「先生，恭喜你，我想你已深深明白今天這場演講的旨意。請問你從事什麼工作？」

「我是深海潛水夫！」

那名觀眾一回答，登時引起哄堂大笑。

在以上三個例子中，最後都達到幽默、令人發笑的效果，但這三個例子並非運用說笑話的方式，而是依據當時情境，以一兩句幽默語言達到「笑」果。

由此可見，要發揮幽默，運用何種形式或方法並不是重點，重點在於該方法是否切合當下情境、是否符合個人特質。唯有符合這兩點之後，才能將幽默發揮到盡善盡美。

用幽默的方法，說出你的真心話

歷史上的那些偉人都擁有兩個與眾不同的器官，那就是一張始終不露聲色的臉孔和一個永不守信用的舌頭。

——斯威夫特

不能開罵，就試著說好話

不能開罵的時候，如果你能說些對方愛聽的好話，委婉地把事情帶往好的方面，既能達到批評的目的，也可以替自己省下一些麻煩。

戴爾．卡耐基曾經提醒我們：「如果你想要別人接受他們不想接受的意見，只需將這些意見包裝在他們喜歡聽的話語之中。」

只要是人，都喜歡聽悅耳順心的話，只要滿足了自己的虛榮，就不會去思索和判斷這些順心悅耳的話語之中，到底藏著什麼玄機。想要解決問題，與其和對方爭得臉紅脖子粗，倒不如換個方式，順著對方的邏輯說些好話？

明太祖朱元璋在爭霸天下之時，有次從夢中醒來，氣急敗壞地吩咐部下，

立即把捉來的俘虜全部都殺了。不為什麼，只因為他做了一個奇怪的夢，夢到那些被綑綁的俘虜，全都擠到一間又矮又小的牢房裡。他對軍師劉伯溫說：「所謂夢反為吉，夢正為凶，那牢房不正表示我的土地會越來越小，而俘虜們往裡面擠，不正表示他們都會逃跑嗎？既然他們對我有敵意，乾脆先將他們殺了，以除後患。」

劉伯溫一聽，知道若是濫殺無辜，將從此不得民心，但是直言規勸也只是徒費唇舌，搞不好還會惹禍上身，於是靈機一動，高興地對朱元璋說：「主上，此夢乃大吉大利之夢啊！」

朱元璋不解地說：「何以見得？」

劉伯溫說：「如果夢正為凶，夢反為吉，那便表示擠入牢房裡的囚犯，將會是守法的百姓，而窄小的牢房正是廣闊的國土，至於那些被綑綁的俘虜，則表示他們將會歸順，這不正是大吉之夢嗎？」

劉伯溫說得頭頭是道，朱元璋自是龍心大悅，頻頻點頭。

從劉伯溫與朱元璋不同的解夢角度，我們可以看出不同的人性，也可以理解「見什麼人說什麼話」的重要性。一向以灰暗面看待人生的朱元璋，與劉伯溫所解讀的夢境，自然大不相同，幸運的是，因爲劉伯溫明白朱元璋取得天下的企圖，巧妙地依照他的性情解夢，總算免去了一場血腥殺戮。

我們可以將夢的吉凶，依個人的希望而做不同的詮釋，就像許多人求神問卜的心態一樣，他們所期待的，只不過是希望能得到符合內心需求的認同，與其苦水婆心地勸他們不要迷信，何不順水推舟說些悅耳動聽的話語？

不能開罵的時候，就只能試著說說好話。如果你能說些對方愛聽的好話，委婉地把事情帶往好的方面，既能達到目的，也可以替自己省下一些麻煩。

用幽默的方法，說出你的真心話

不要害怕敵人，他頂多把你殺死；不要害怕朋友，他頂多把你出賣。害怕的是冷漠無情的人，世界上所有的叛賣和謀殺，都是出於他的默許。

——雅辛斯基

如何應付難纏的小人

和小人相處，雖然我們要顧及他們的好面子感受，可以不必刻意地與他們劃清界線，但是與他們絕對要保持一定的距離。

現實生活中，有人眞的可以做到「宰相肚裡能撐船」，有的人卻完全相反，連芝麻大的小事也會記恨在心，長久難以釋懷。

在人際交往中，我們經常會不自覺地得罪這類心胸狹窄的「小人」，而且有時候得罪了人，自己卻還不知道，於是我們便要有心理準備，因爲這些人不但「不忘舊惡」，而且會耿耿於懷地找機會加倍報復，以消心頭之恨。

也因此，想對待這種難纏的小人，如果採用強硬的責罵辦法，往往吃力不討好的，有時還會激起彼此的對立和仇恨，有害而無益。我們只能巧妙地順應

時勢，來化解這類的衝突，並達到解決的目標。

宋仁宗時，文彥博受命出任成都知州。有一天，天空下起鵝毛大雪，文彥博在知州府裡大擺宴席，宴請好友及同僚，待在外面的隨從卻牢騷滿腹。其中，有位隨從忍不住嚷道：「你看他們在裡頭享受，吃著山珍海味，喝著好酒，我們卻得外頭受罪，不如我們把井邊的亭子拆下來，燒火取暖吧！」

這時，有位隨從阻止說：「這裡是知州府，如果我們把亭子拆了，大人肯定要追究我們的。」

然而，這位膽大的隨從卻說：「怕什麼，他走出來怪我們更好，我要讓他看看大伙現在凍成什麼樣，哼，他們只顧著自己吃喝玩樂，我們還沒責怪他呢！」說完，他就帶頭拆起知州府內的亭子。

他這一動手，別的隨從也跟著拆了起來，不一會兒工夫，一座好好的亭子便被拆得七零八落。大家把拆下來的木材堆在一起，點了火，還讓火勢猛烈地燃燒。這時，有位軍官發現隨從居然把亭子拆掉，連忙跑去向文彥博報告，驚動了在座的賓客們。

文彥博雖然非得生氣，但是轉念間又想到：「如果這時我衝出去懲治那些搗亂的隨從，不僅擾亂了酒宴氣氛，更要讓來賓們受驚，那往後不是顏面盡失？該如何圓滿地處理這件事呢？」

於是，他平心靜氣地說：「天氣也真的太冷了，一個亭子算什麼，就隨他們拆來取暖吧！明天我再請工匠重建即可！」說完，他繼續笑容滿面地端起酒杯，若無其事地對各位來賓們說：「來來來，大家繼續喝酒。」

賓客們見文彥博如此不慌不忙、鎮定自若，懸起的一顆心才放了下來，繼續端起酒杯，開心飲酒。

另一方面，外面的隨從們一直等著知州大人出面訓斥，好有藉口大鬧一場，出出怨氣。但是，他們怎麼也沒有料到，文彥博如此沉得住氣，眾隨從發見沒有了鬧事的藉口，個個都有點洩氣，只好繼續在寒風中守衛。

文彥博能審時度勢，免除了一場可能出現的聚眾鬧事。

就像那個心胸狹隘的隨從，小人往往抱著仇恨與對立的心態，恨不得造成社會秩序的混亂，因此，不論何時，我們都應當理性面對這種人，不要受他們的蠱惑，讓自己的情緒失控了。

嫉惡如仇雖然可以表現出正義，但是在如此紛雜的社會裡，這樣做不但不能保身，反而正中小人下懷，更有藉口對你展開攻擊，這些攻擊是許多小人的伎倆，讓你防不勝防。

也許你並不怕他們的伺機報復，或許他們也奈何不了你，但是你必須很清楚地認識，小人之所以是小人，是因爲他們始終在暗處、背地裡，使用手段始終都是卑鄙下流的，而且還會糾纏不休，沒有得逞，絕不輕易罷手。所以，和小人相處，一定要顧及他們的好面子感受，千萬不要當面斥責他們。

用幽默的方法，說出你的真心話

每個人都在暗地裡褒貶對方，並且用自己的標準衡量對方。

——托爾斯泰

輯7.

借力使力，最能讓對方漏氣

現代人一逮到機會就批評、中傷競爭對手，
遇到這種見不得別人好的小人，
不妨學學借力使力的罵人藝術，讓對方漏氣。

借力使力，最能讓對方漏氣

現代人一逮到機會就批評、中傷競爭對手，遇到這種見不得別人好的小人，不妨學學借力使力的罵人藝術，讓對方漏漏氣。

伊索曾經在寓言故事寫道：「對於自己想要做的事，如果找不到漂亮的藉口，就會明目張膽地去做！」

儘管大家都不喜歡自己被認定是壞人，但諷刺的是，想要在這個處處競爭的社會生存，往往只有兩種方式，一種是找藉口抨擊別人的缺點，另一種則是想辦法美化自己的優點。但是，凡事適可而止，如果做得太過火，萬一遇到罵人不帶髒字的高手，恐怕就會得到不良的效果。

袁世凱在小站練兵的時候，就已經露出龐大的政治野心，經常在私底下批評朝廷的當權人物。有一次，他語帶不屑地對德國駐華公使說：「張之洞那傢伙是專講學問的書呆子，我袁世凱不講學問，是講辦事的。」

袁世凱這番話，言外之意是譏刺張之洞是書生出身，只會紙上談兵，要解決實際問題，還是他袁世凱更精幹、更有權威。

後來，袁世凱的一個幕僚和外交家辜鴻銘閒聊時，便把這番話當作得意之談，重複說了一次。辜鴻銘聽了，隨口調侃道：「誠然，誠然，但這要看所辦是什麼事。像老媽子倒馬桶這種事，當然用不著學問，不過，除倒馬桶之外，我倒不知道天下有什麼事，是沒學問的人可以辦得好的！」

人有高低貴賤之分，事情也有大小難易之別。辜鴻銘罵人不帶髒字，巧妙地借袁世凱「講辦事不講學問」的話題，具體就什麼人辦什麼事加以發揮，言談之間獲得很好的嘲諷效果。

這段「倒馬桶」的比喻，說得輕鬆又俏皮，和戰爭中的將計就計、順手牽羊這類戰術，以及中國太極拳的借力使力，具有異曲同工之妙。

由於現代生活強調競爭、主張新奇，有些人卻只求眼前顯赫和利益，根本不管以後如何，誤以爲唯有快速適應、力求表現，不擇手段地爭取一時出頭的機會，才是成功之道。

這種「爭先恐後」的心態，使得現代人感到自己的周遭都是敵人，一逮到機會就批評、中傷競爭對手，有時即使對別人造成傷害，也在所不惜。

袁世凱的言談和他的大起大落，說明了見不得別人領先自己的心態，其實相當危險。現實生活中，遇到這種見不得別人好的小人，不妨學學辜鴻銘借力使力的罵人藝術，讓對方漏漏氣。

用幽默的方法，說出你的真心話

有什麼比石頭更硬？有什麼比水更軟？然而，只有軟水可以穿透硬石。

——古羅馬思想家奧維德

過度吹噓，只會招來反唇相譏

荷蘭思想家史賓諾莎說：「虛榮心重的人，所欲求的東西，無過於名譽，所畏懼的東西，無過於羞辱。」

美國幽默作家馬克．吐溫曾經這麼說：「罵人靠舌頭，但是罵人不帶髒字，則必須靠智慧。」

的確，最高明的罵人、損人方式，就是適時引用一些哲人說過的話，當你罵了他，他還以爲你在讚美他，當你損了他，他還以爲你在誇獎他。

二十世紀最偉大的激勵大師戴爾．卡耐基，同時也是個著名的演說家，時常在美國各地進行巡迴演講。

有一次，他應邀前去某個文化團體發表演講，當他到達會場的時候，照例受到相當熱烈的歡迎。

誰知，當天的司儀是一個自命不凡的年輕人，拿起麥克風後，竟然就停不下來，佔用卡耐基的時間，滔滔不絕地誇耀自己的家世淵源。在場的聽眾雖然覺得厭煩，但又不好意思打斷他。

卡耐基等了很久，終於按捺不住，起身說道：「司儀先生，你大談光榮的家世，使我想起大哲學家培根說過的一段話，他說：誇耀自己祖先的那些人，正像馬鈴薯，最有價值的部分是留在地下……」

荷蘭思想家史賓諾莎說：「虛榮心重的人，所欲求的東西，無過於名譽，所畏懼的東西，無過於羞辱。」

不必誇耀你的家世淵源、名聲財富，或者幹過什麼豐功偉績，你是什麼樣的一個人，其實清清楚楚映現在別人的瞳孔裡。千萬要記住，過度吹噓，只會引來別人反唇相譏。

面對那些狂妄自大，說起話來滔滔不絕的人，你可以引用某位智慧家說過的話嘲諷他：「二十歲時你如同孔雀，三十歲時你會作獅子，四十歲時你就如駱駝，五十歲時你好比蛇精，六十歲時你像一隻狗，七十歲時你像猴子，到了八十歲時，就什麼都不是了。」

你可以像卡耐基一樣告訴對方，時間的流轉可以使植物成長，但是不一定會讓每一個沐浴在時光中的人都變得更聰明、更有智慧，更懂得用理性的眼光，去判斷世間錯亂紛雜的是是非非。

人的心智必須隨著時間而成長，才有躍昇到更高境界的可能性，否則，就會像馬鈴薯，永遠讓生命最有價值的部分，被泥土埋藏在地底下。

用幽默的方法，說出你的真心話

蠢才狂妄自大，他自鳴得意的，正好是受人譏笑的短處，而且往往把應該引以為奇恥大辱的事大吹大擂。

——克雷洛夫

尋找皆大歡喜的結局

英國詩人斯溫伯恩曾說：「人們在尖刻的話語和機敏的辯才中摘不到果子，在他們搖撼大樹的根部時，得到的是扎人的刺。」

日本心理學家宮城音彌曾經寫道：「假話是社會生活中不可缺少的，因為，把自己的一切都曝露無疑的人，人際關係勢必置於險境。」

因此，即便知道說假話是不對的，但必要時候，還是要懂得用「假話」來緩和氣氛，千萬別爲了一時的意氣之爭引發更多衝突。想要罵人，不一定得罵髒話，有時候說說「假話」，反而能發揮最骯髒的效果，讓對方無法辯駁。

第二次世界大戰結束後不久，法國和西班牙邊界上，有一個法國哨兵站崗

站得十分無聊，便開始和不遠處的西班牙哨兵抬槓，說著說著，兩人便談論第三次世界大戰什麼時候會爆發。

法國哨兵先問西班牙哨兵：「如果不久之後爆發第三次世界大戰，你認為蘇聯會先攻打哪個國家？」

西班牙哨兵譏笑說：「當然先攻打法國，因為法國人最沒有骨氣，最好打了，兩三下就投降了。」

法國哨兵又問：「那照你估計，蘇聯要花多少時間才能攻下法國？」

西班牙哨兵回答說：「照我看，差不多一個禮拜就搞定了。」隨後，他又驕傲地說：「如果蘇聯想攻打我們，那至少得花上一年時間。」

法國士兵逮到機會，隨即微笑說：「不會吧，我想至少得花兩年時間！」

難得法國士兵對自己國家評價這麼高，西班牙士兵語氣和緩地問：「喔？你是怎麼估算的？」

法國士兵回答：「因為你們的公路那麼爛，蘇聯的坦克根本沒辦法走，他們得先花上一年，把你們的那些爛公路修好！」

英國詩人斯溫伯恩曾說：「人們在尖刻的話語和機敏的辯才中摘不到果子，在他們搖撼大樹的根部時，得到的是扎人的刺。」

吵架不必太認眞，因爲只要是爭吵，雙方的立場一定是對立的，根本無法吵出誰是誰非，尤其是意識型態的爭論，就算吵到高血壓發作也不會有結果。

但是，如果把爭論的焦點由擊敗對方，轉向擊敗共同的敵人，那麼雙方就同時能獲得好處。譬如說，故事中的法國士兵，既然想和西班牙士兵聊天消磨時間，其實大可不必爲了誰會先被蘇聯攻下而脣槍舌劍，彼此辯得面紅耳赤，倒不如想些鐵幕笑話來消遣共同的敵人蘇聯，不是落得皆大歡喜嗎？

用幽默的方法，說出你的真心話

不尊重別人的自尊心，就像是一顆經不住陽光照射的寶石。

——瑞典化學家諾貝爾

面對刁難，要正面迎戰

所謂正面迎戰，並不是要你和對方唇槍舌劍，或是破口大罵，用髒話問候對方的祖宗八代，有時候只需換個方式說話，就能達到漠視、羞辱對方的目的。

英國詩人勃朗寧曾經說過：「一個人成功與否，並不在於他們如何循規蹈矩，而在於他們是否能在關鍵時刻表現靈活。」

的確，如果你凡是只會死守教條，腦袋不懂得轉彎，那麼你永遠只會讓自己陷入人生的困局，被別人耍得團團轉。

英國牛津大學有位著名的教授名叫李費，是享譽歐洲的學者。他有一個怪癖，那就是藐視女性，每當他走進教室上課的時候，不管裡頭有沒有女學生，

都習慣用「紳士們」作為起頭。

這個習慣讓一群響應女權運動的女學生十分反感，認為他嚴重漠視女性的存在，有違兩性平等原則，決定聯合起來捉弄他，讓他難堪。

有一天，李費教授上課之前，這些女學生強迫驅離所有的男學生教室，只留下一個男在教室，準備看李費怎麼應付這種局面。上課鐘聲響後，李費教授一如往常走進教室，卻見到裡頭只一個男生，其餘全是女學生，嗅出氣氛不太對勁。

李費知道這群女學生故意要和他過不去，於是不急不徐地改口說：「這位可憐的紳士……」然後若無其事地繼續上課。

俄國文豪杜斯托也夫斯基在《少年》一書中寫道：「只要有堅強的意志，就自然而然會有能耐、機智和應變的智慧。」

李費教授的行徑，給我們的啓示是——不管別人如何和自己過不去，只要你能從容面對就是勝利。就像獵人的目的不在於跟蹤獵物，而是將牠們捕獲，

做事情最基本的原則就是靈活善變，爭取最後的勝利。

日常生活中，我們可以看到許多人一遇見別人刁難，就乾脆自己先打退堂鼓，忙著給自己找台階下，理由是：何必為難自己呢？

面對刁難卻不敢正面迎戰，這種行為簡直是瞧不起自己，無疑是告訴別人自己是個怯弱、畏縮、缺乏自信的傢伙。相形之下，那種勇往直前，縱使遇到挫折也不氣餒的進取精神，著實令人欽佩。

當然，所謂正面迎戰，並不是要你和對方脣槍舌劍，或是破口大罵，用髒話問候對方的祖宗八代，有時候只需像李費教授一樣換個方式說話，就能達到漠視、羞辱對方的目的。

用幽默的方法，說出你的真心話

上天要求我們具備三件東西才肯賜予幫助——一顆堅定的心，一條強壯的臂，和一張緊咬的唇。

——哈利伯頓

當你遇到愛獻寶的「曝露狂」

法國作家左拉說：「愚昧無知不會為人帶來幸福，幸福的根源在於清楚知道自己並沒有想像中聰明。」

美國作家豪說：「在蠻荒的古代，人們用斧頭相鬥，文明人埋掉了斧頭，他們的格鬥，靠的是舌頭。」

其實，在這個人人都喜歡用舌頭當武器的人性戰場上，如果，你想向別人「開罵」，不一定要出口成「髒」，有時候，用指桑罵槐的方式反諷，不僅可以爲自己留一步餘地，而且照樣可以踩到你想罵之人的痛處。

小張最喜歡獻寶，遇到人就誇耀自己兩歲的兒子有多麼聰明。有一天，他

帶著老婆和兒子去喝喜酒，席間又開始得意洋洋對同桌的朋友吹噓說：「你們知道嗎？我兒子比起同年齡的小孩子，實在聰明太多了，他的腦筋簡直得了我的真傳……」

一旁的小沈聽這番話已經聽了N次，於是沒等小張把話說完，就不耐煩地接口嘲諷說：「喔，你的意思是不是說，你們一家三口當中，現在只剩你老婆一個人還有一點點腦筋？」

人們通常都自視甚高，認爲自己是絕頂聰明的天才，其他人都是超級大笨蛋，而且，越平庸的人越自以爲是曠世天才，越會炫耀自己的「聰明才智」，期望獲得別人讚揚。殊不知，在別人眼中，他們和那些喜歡當衆裸露自己「寶貝」的「曝露狂」沒什麼兩樣。

遇到這樣「愛獻寶」的人，你可以婉轉提醒他，成功和聰不聰明並沒有關聯，重要的關鍵在於能不能細心去看世間萬物，能不能從一些看似「理所當然」的事情中，領悟出和別人不同的觀感。

如果你沒什麼耐性，不妨引用法國作家左拉說過的話損他：「愚昧無知不會為人帶來幸福，幸福的根源在於清楚知道自己並沒有想像中聰明。」

不過，諷刺過後，記得「安慰」對方：人不管是對現實環境或是對自己，都要清醒地認識，抱最好的願望，做最壞的打算，如此才能化腐朽爲神奇，也才能心平氣和地承受生活中的各種打擊。

用幽默的方法，說出你的真心話

你應該比別人聰敏，但是絕不能把自己的聰敏到處向人誇耀。

——吉斯特菲爾

壓制對方的氣焰，就能扳回顏面

「綿裡藏針」的循循善誘，不僅對方的氣焰遭到壓制，你也可以藉由用正面的話語貶損對方，順利扳回自己的顏面。

關於領導統御的要領，莎士比亞曾經寫道：「建立豐功偉業的人，往往借助於對自己盲目崇拜的人之爭。」

的確，所謂的成功人士並非比平凡人優秀，只不過他們懂得如何運用厚黑權謀，讓追隨他的人，心甘情願地爲自己賣命。

如果你不懂得領導統御之道，只一味用薪資或是威權的方式帶領部屬，那麼，不僅部屬不可能對你盡忠，跳槽之類的情事也會層出不窮。

小鍾是一家小貿易公司的老闆，平常最喜歡嘮嘮叨叨對員工碎碎唸，但是，他卻自認為很有幽默感，一聽到自己覺得好笑的事，就會立即叫員工到會議室集合，要員工們分享他的幽默。

有一天中午，小鍾陪幾個客戶出去應酬吃飯，回到公司之後，有點醉意的他，便迫不及待地召集所有的員工到會議室，分享他剛剛聽來的幾則笑話。

由於喝酒的緣故，小鍾的舌頭有點打結，把原本就不好笑的笑話說得零零落落，但是員工們卻聽得捧腹大笑，只有會計小姐阿雲無動於衷，而且露出一副十分不屑的模樣。

小鍾見到平常最捧場的阿雲滿臉不耐煩，心裡有點不高興，便板起臉質問：「奇怪了，我講的笑話這麼好笑，妳怎麼面無表情，真沒有幽默感……」誰知阿雲竟然輕蔑地哼一聲，回答說：「我根本不用笑，因為，我要跳槽了，上班上到這個月底。」

如果你是故事中的小鍾，在大庭廣眾之下遭到員工吐槽，應該怎麼回應最不傷感情，又能保住自己的面子？

遇到這種難堪的時刻，你應該及時引用美國總統林肯曾經提醒世人的一句話：「這個世界上並沒有卑賤的職業，有的只是卑賤的人。」然後，你還要以朋友的口吻對他說：「換工作是尋求自我提升與突破的一種方式，必須謀定而後動，以免草率決定後徒生困擾。」

最後，你可以勸勸對方不要一味鑽牛角尖，要以較積極樂觀的態度看待自己的處境，否則難保他的下一個工作，可能還必須虛情假意地「賣笑」。

相信經過你這番「綿裡藏針」的循循善誘，不僅對方的氣焰遭到壓制，你也可以藉由用正面的話語貶損對方，順利扳回自己的顏面。

用幽默的方法，說出你的真心話

大多數人花費太多時間去做他們並不想做的事，為的只是想獲得偶爾能去做自己想做的事的權利。

——J·M·布朗

讓對方面紅耳赤又無法駁斥

想批評欠缺自知之明的人，不妨試試先褒後貶的說話方法，相信一定會讓對方面紅耳赤又無法駁斥。

日常生活中，我們免不了要批評別人，也免不了會遭人批評。批評不全然是壞事，因爲人想要進步，就得虛心聽聽別人的建言，才能改善自己的盲點。

可是，忠言逆耳，即使是最善意的批評，還是可能被認爲是在找麻煩。因此，想讓對方聽進自己的批評，就得多費點心思。

小林當了一年餐廳學徒之後，自認為已經學會了廚房裡的十八般武藝，可以出師了，於是便自行創業。豈料，餐廳熱熱鬧鬧開幕之後，生意卻奇差無比，

連開幕時前來捧場的親朋好友都不再上門。小林百思不解，想不出原因究竟出在哪裡。

有一天，一個新客人到小林的餐廳用餐，誰知吃沒幾口就停下筷子，要求服務生找老闆過來。林以為是服務生服務不周到，讓客人不高興，於是神情緊張地從廚房快步走到這位客人的旁邊。這位客人說：「老闆，你們餐廳的廚房，想必相當重視乾淨！」

小林聽了，不禁鬆了一口氣說：「謝謝您的誇獎！從事餐飲業，保持廚房的整潔乾淨，是理所當然的事……」

小林還想繼續宣揚自己的理念，這位客人這時卻翻了白眼說：「不過，你們的沙拉脫未免用得太多了吧，每道菜都有沙拉脫的味道！」

不能正視自身的缺點，缺乏自知之明，是好高鶩遠的人最常見的特徵。這種人不切實際，既脫離現實，又脫離自身。要諷刺這樣的人，不妨先說說前述小林開餐廳的故事，然後引用英國作家柴斯達賴曾說過的話：「人會認識宇

宙，然而卻不認識自我；自己比任何星球都來得遙遠。」

然後，告訴他：「做任何事之前，應該考量自己有多大的本事，有多少實力。人如果沾沾自喜於過去某方面的小成績，就不會發現自己有什麼重大缺陷；缺乏自知之明，心中就只充塞著自己的龐大影像，把別人都當成侏儒，失敗了總是抱著懷才不遇的感覺。」

想要從事任何一種行業，都必須先培養眞正的本領和能耐，否則就會變成另一個小林，連菜都洗不乾淨就開起餐廳，結果當然門可羅雀。想批評類似小林這樣的人，不妨試試故事中客人先褒後貶的說話方法，相信一定會讓對方面紅耳赤又無法駁斥。

用幽默的方法，說出你的真心話

你最不愛吃的藥，往往能治好你的病；你最不愛聽的話，往往對你最有益。

——佚名

輕鬆戰勝身邊的小人

莎士比亞曾說：「不要輕易燃起心中的怒火，因為，它燒不了敵人，只會灼傷自己。」

每個人的周遭都有一些小人，整天進行損人、害人的勾當；當你受了氣，要不要忍耐，很重要的一個取決標準是：自己是否有足夠的反擊力量。

想要輕鬆戰勝身邊的小人，關鍵就在於，我們能不能在忍耐的同時，不斷提昇自己的境界，積累反擊、報復的實力，把自己訓練得像兔子一樣敏捷，像狐狸一樣狡猾，像老虎一樣沉穩而又凶悍……

阿強有一天在路上散步，突然腦袋被狠狠地揍了一拳，回過頭一看，是一

個不認識的臉孔，便很生氣地責問：「你為什麼打我？」

那個人見自己打錯了人，不但沒有放低姿態道歉，竟然還生氣地說：「你走路幹嘛像小忠那個癟三！」

阿強不肯善罷干休，便扯著那個人到法院。誰知道那個人竟然和值日法官認識，法官聽了阿強的控告，便對那個人使眼色說：「這就是你不對了，法治社會裡連立委都不能隨便打人，何況是你呢？我判你付給阿強一萬元，作為道義賠償，還不快點回家拿錢！」

阿強在法院等那個人拿錢來，一等就等了兩個鐘頭，卻遲遲不蹤影，開始懷疑法官故意放走那個人，於是問法官該怎麼辦。

法官不悅地說：「我已經判他賠你錢了嘛，他不來，我有什麼辦法！」

阿強聽了這番話，心裡十分火大，於是趁著法官不注意，溜到他的背後，狠狠地朝他的後腦揍了一拳。

頭冒金星的法官還搞不清楚是怎麼回事，只聽到阿強譏刺地說：「我實在很忙，不想再等下去了，這樣吧！你趕快判我付給你一萬元作為道義賠償，那個人的賠償費就轉讓給你吧！」

莎士比亞曾經勸告我們說：「不要輕易燃起心中的怒火，因為，它燒不了敵人，只會灼傷自己。」

打法官當然是不對的，只會讓你惹上更多麻煩。

面對像蒼蠅一般煩人惱人的小人，倘使你心裡一直忿忿不平，不妨換個方式這麼想：「暫時的忍耐，並不是眞的怕你，而是現在我不願意滋惹事端，至於什麼時候要加以報復，主動權操在我手中。只要時機成熟了，就是你倒楣的時候。」

如果，我們無可避免地必須面對身邊的小人，那麼，把主控權操在自己手中，豈不是更好嗎？

一旦你做好了心理建設，就不會把肆意找碴的小人看成是強者，也不會動輒生氣抓狂，和對方比賽誰的舌頭比較賤，因爲你知道這場較量還沒結束，最

後慘敗的終將是他們。

因此，當你受到陷害、侮辱、冤枉的時候，千萬不要輕易開罵，應該暫時忍下心中的憤怒與衝動；更多的時候要提醒自己面帶微笑，靜候對方出招，如此才能沉著應變，見招拆招。

不必一味地板著臉孔、費盡心思去提防周遭的小人，或者一受氣就動怒罵髒話。因爲，這只會降低自己的格調，徒然折損自己的生命；想要輕鬆戰勝身邊的小人，其實還有更多巧妙的方法。

用幽默的方法，說出你的真心話

復仇之心儘管可以孵出一窩雞蛋，但是孵蛋的母雞必須要有充分的耐心。

——梅瑞狄斯

稱讚是致勝的秘密武器

幽默作家馬克吐溫曾說：「恰到好處的稱讚是一種高超的處世藝術，但是，只有少數人才懂得準確掌握它。」

西方哲學之父蘇格拉底曾經教導我們：「當你高興或動怒的時候，儘量緊閉你的嘴巴，免得讓小人有見縫插針的機會。」

所謂的「閉緊嘴巴」，並不是要你消極地裝聾作啞，而是忍住嘴裡的「髒話」，說些無關痛養的場面話，甚至是讚美對方的話。

假使你越能讓小人猜不著你的喜怒哀樂，小人就越會爲了找不到攻擊你的縫隙而大傷腦筋。

小王和女朋友雅麗交往了兩年，最近終於有了「突破性」的發展，兩人也因此開始討論婚嫁問題。

議定之後，小王便利用假日前去拜會未來的岳父大人。

小王依地址找到了雅麗位於陽明山的家，才知道他的準岳父原來是個財大氣粗、俗不可耐的暴發戶。

當小王寒暄一陣，正式開口說出婚事的時候，只見準岳父用懷疑的眼神盯著他說：「你口口聲聲說你真心愛我的女兒，我怎麼知道你不是為了貪圖我的財產，才想娶我女兒？」

小王聽了有點惱火，反唇相譏說：「最近，不是有個壽險廣告常說世事難以預料嗎？其實，我來提親也是冒了很大的風險，你口口聲聲說你是大富翁，我怎麼知道你會不會明天就破產，變成一個窮光蛋？」

小王對待準岳父的態度其實是不對的，反唇相譏的結果，只會使他和雅麗的婚事橫生波折，甚至告吹。

正確的做法是按捺自己心中的不悅和怒火，把髒話留在自己心裡，設法從他身上找到值得讚美的地方，然後毫不吝嗇地加以稱讚一番。

一個成功的人，除了必須隨時保持溫和友善的態度，還應該學會給別人戴高帽子，往別人的臉上貼金。

幽默作家馬克吐溫曾說：「恰到好處的稱讚是一種高超的處世藝術，但是，只有少數人才懂得準確掌握它。」

懂得稱讚別人，你就會比別人多了一項致勝的秘密武器。

因爲，社會上的每個人都渴望被肯定和讚美，懂得人們的這種潛在慾望，便能將別人納入自己的掌握中。

美國鋼鐵大王安德魯．卡耐基的成功秘訣之一，便是善於誇讚員工。他還特地聘請了一位名叫夏布的高帽專家，掌握每個機會對下屬大加讚美，牢牢地捉住員工們的心。

不過，有句俗話說：「看什麼魚，放什麼餌；見什麼人，說什麼話」，稱讚別人也是如此，千萬不能張冠李戴、胡說八道，否則就糗大了。

讚美別人最直接、最有效的方法不是從他的事業、才學、品德方面下手，而是從他的相貌高談闊論一番。

因爲，一個人最引以爲傲的事，通常我們並不是那麼清楚，但不論他的長相再如何醜陋，我們都可以臉不紅、氣不喘地稱讚他說：「像你這樣的相貌真是天下無雙，富貴可期，只要假以時日，前途一定不可限量啊！」

用幽默的方法，說出你的真心話

讚揚對高貴者而言是鼓勵，對平庸者而言，則是追逐的目標。

——科爾頓《萊肯》

輯8.

用風趣的方式表達罵人的意思

幽默的效用在於能立時改變氣氛，
即便有些幽默話語暗藏諷刺，
但也因說話的人表達方式風趣，
令被譏笑的人無言可應。

用幽默談吐為生活添加色彩

話說風趣，不僅能表現出自身修養的高雅，也能罵人不帶髒字，輕易地迎戰問題，透過說話策略與技巧，讓別人接受自己的意見或批評。

幽默的談吐往往惹得人們捧腹大笑，而且談吐的風趣也是一種美感。

生活中的幽默既可以隨意發揮，也可以刻意設計，不論是何種幽默，都是調劑生活的好辦法。

幽默的說話方式只要運用得當，往往能達成勸說或責罵的目的。這種幽默是根據看到的事物隨意聯想而成，讓人忍俊不禁、會心一笑。

語言學課堂上，有幾個女同學不斷嗑瓜子，「嗑嗑」的聲音令人心煩。可是，許多認真聽課的同學又不好意思制止，只好望著正在講授的代課老師。

突然，老師停止授課，掃視一下教室。大家鴉雀無聲，等著老師大動肝火地批評那幾個嘴饞的女孩子。

誰知沉寂片刻後，老師卻微笑著問：「請問你們班一九九六年出生的同學有多少人？」

同學們聽了這個問題都覺得莫名其妙，眾人呆了一會兒，才有人說了一句：「有二十多人。」

接著老師又問：「一九九六年出生是屬什麼的呢？」

另一名同學回答：「屬鼠。」

「喔！是老鼠啊！怪不得嗑瓜子的聲音這麼響。」

話一出口，台下笑聲四起，至於那些嗑瓜子的同學不得不知趣地放棄手中美食，心悅誠服地聽老師講課。

現實生活中，有的人不管走到哪裡，都處處受人歡迎，做起事來左右逢

源。有的人卻寸步難行，即使在家庭、學校或工作場合，做事也處處碰壁，幾乎沒人願意和他進行良性互動。

其實，造成兩者之間的差別，原因就在於是否懂得掌握說話的藝術。只有懂得如何說話的人，才可能把語言變成自己的工具。

話說風趣，不僅能表現出自身修養的高雅，也能罵人不帶髒字，輕易地迎戰問題，透過說話策略與技巧，讓別人接受自己的意見或批評。

用幽默的方法，說出你的真心話

如同鋼鐵被鐵銹腐蝕一樣，喜歡羨慕嫉妒別人的人，總是被自己的情緒消耗掉。

——安提西尼

把握尺度，善用幽默元素

運用幽默元素時，千萬注意不要拿對方的「痛處」開玩笑，這樣的幽默會讓對方覺得説話者心存惡意或別有用心，產生無謂的紛爭。

在談判中運用幽默營造氣氛時，應該特別注意，千萬不要使高雅的幽默淪爲低俗的滑稽和尖酸刻薄的諷刺。

運用幽默元素時，首先要注意時機和場合，最好能根據雙方談判的內容製造某種情境，形成幽默的氣氛。不要在一些比較嚴肅但並非尷尬、沉悶的時候，插入一些自己編造的生硬笑話，這樣不但不能達到活躍氣氛的目的，還會使人覺得莫名其妙。

比較下面兩個例子，我們就不難明白這一點的重要性。

第一個例子是，一個球鞋製造廠商向某商場推銷一批品質低但價格高的鞋子。談判過程中，廠商極力吹噓鞋的品質，「經理，您放心，這鞋的品質絕對沒有問題，它的壽命將和您的壽命一樣長。」

只見經理翻了翻樣品，微笑著說：「我昨天剛查過身體，一點毛病都沒有，我可不信我很快就會死。」

在這個談判中，經理巧妙利用鞋商過分誇大球鞋品質的時機，用幽默話語道出自己對鞋子品質的看法。如此既展現自己的素養，又使鞋商無法辯解，只能知難而退，可說將「罵人不用髒話」的藝術運用得恰到好處。

第二個例子是在一次大型談判過程中，雙方都在仔細地閱讀各種資料，準備進行新一輪辯論。

某一方的助手卻說了個笑話：「有這麼一個笑話是說，日本球迷去問佛祖：

『日本什麼時候能得到世界冠軍？』佛祖答道：『五十年。』日本球迷哭著走了。韓國球迷也問佛祖：『韓國什麼時候能得到世界冠軍呢？』佛祖答：『一百年。』韓國球迷也哭著走了。最後，中國球迷問佛祖：『中國什麼時候能得到世界冠軍呢？』佛祖無言以對，哭著走了。」

這名助手講笑話的時機太不是時候，在不需要緩和氣氛的時候拋出了這樣一顆「笑彈」，反而會引起雙方反感。

運用幽默時要見機行事，別讓幽默反倒引起惡果。

其次，要注意切勿用一些比較低俗的方式表達，如扮女聲、裝嗲、學方言……等等。這些不但不能使幽默令人回味，還會使人反胃，無形中給對方留下不好的印象。

最後，必須特別注意是，運用幽默元素時，千萬注意不要拿對方的「痛處」開玩笑。這樣自以爲是的幽默，會讓對方覺得說話者心存惡意或別有用心，產生負面的效果或無謂的紛爭。

用幽默的方法，說出你的真心話

懷疑的眼睛就像貓頭鷹的眼睛一樣，要在黑暗中才能看見，光明反而會使它失去視力。

——約卡伊．莫爾

精通幽默竅門，緩和緊張氣氛

不得不開口罵人的時候，不一定要口出惡言，因為，最厲害的罵人方式，是只說幾句乾淨的話，卻能讓它發揮最「髒」的功用。

幽默本身就是聰明、才智、靈感的結晶，能使人的語言在轉瞬之間放出智慧的光芒。

幽默在日常生活中能發揮點綴、調和、調節的作用，是語言的潤滑劑，只要有了它，就能使緊張、對立的情緒頓時消失，劍拔弩張的可怕氣氛也會因此緩和下來。

有一年，英國一位能言善辯的社運人士在大街上發表演說。講到社會的種

種弊病時，情緒異常激昂，大聲喊道：「要讓這些腐敗的官員清醒，唯一的辦法就是將宮殿和眾議院燒掉！」

當時，街上有一大群密密麻麻的聽眾，使車輛與行人無法通行。維持交通秩序的員警湯姆森見狀，幽默地向人群喊道：「請各位散開！要燒宮殿的請到左邊，要燒眾議院的請到右邊。」

湯姆森並未用強制或斥罵的方式要求群眾交通秩序，一句幽默又滑稽的話語逗得大家哈哈大笑。

在一片笑聲中，人群就自行散開了。

想學會運用幽默語言加強本身的魅力，有時得掌握若干詞語組合的技巧，使自己的話既可以罵人，又有幽默感。

某市一家奶粉工廠的廠長，上午一進辦公室，就被兩個業務員纏住了。這兩人憑著一紙介紹函及三寸不爛之舌，提出要購買兩萬袋奶粉，付款方式為先

付十%的訂金，餘下九十%的貨款待貨到後一次全部付清。

不過，任憑這兩名業務員怎麼說，廠長完全不為所動，絲毫沒有與他倆談這筆買賣的意思。

這兩名業務員足足纏了二十分鐘後，發現廠長的態度始終十分冷淡，只好放棄地告辭了。

但是，快走出廠長辦公室時，其中一位業務員故意對另一位大聲說：「哼，白白浪費了二十分鐘！實在是對牛彈琴。」

廠長明知這是罵自己，但並沒發火，因為這類推銷員、商界說客乃至騙子，他見多了，犯不著動氣。所以，他只是大聲回敬了那兩位剛走出辦公室的業務員這麼一句話：「說得對，剛才竟有兩頭牛彈了二十分鐘的琴！」

廠長在關鍵時刻善於拆開固定詞語再巧妙組合，既幽默風趣，又巧妙地回擊了那位業務員的粗野與無禮。

不得不開口罵人的時候，不一定要口出惡言，因爲，最厲害的罵人方式，

是只說幾句乾淨的話，卻能讓它發揮最「髒」的功用。

用幽默的方法，說出你的真心話

你無須聽信人們的嚼舌，所有惡意的，毫無根據的，甚至刻薄的的流言，都是一言不值。

——塞涅卡

用風趣的方式表達罵人的意思

幽默的效用在於能立時改變氣氛，即便有些幽默話語暗藏諷刺，但也因說話的人表達方式風趣，令被譏笑的人無言可應。

有個人穿了全身名牌，走起路來神氣活現，不料正自鳴得意的時候，卻踩到一塊香蕉皮，跌得四腳朝天。

這情景當然是可笑的，因爲他本來威風的模樣和摔跤後狼狽的態度正好形成對比。反過來說，他如果是個衣衫襤褸的窮人，長得一副可憐相，摔跤時不致會引起人們注意，因此也無所謂可笑了。

罵人的藝術也是如此，需要的時候，巧妙運用幽默的說話方式可獲得極好的效果。

下面這一段對話就將這種藝術運用得恰到好處。

有位進口洋煙推銷員在鬧區繁華街道口不斷叫賣，說得口沫橫飛：「英國進口香煙，芳香味正，能提神益智，價格合理……」

不久之後，一位知識分子模樣的中年男子擠到煙攤前，瞄一眼進口香煙，隨口冒出一句話：「抽了這英國進口煙，小偷不敢進屋，狗不敢咬，而且人永遠不會老。」

煙攤前一堆人聽到這句話，全愣住了，唯有推銷員樂極了，連忙大聲說：「還是知識份子高明！大家不妨聽聽這位專家對英國進口香煙的高度評價。」只見這位知識型中年人似笑非笑地說：「抽洋煙的人整夜咳嗽，小偷敢進屋嗎？抽煙的人身體虛弱，走路得拄著枴杖，狗敢咬他嗎？抽煙的人易得癌症，怎麼能活到老呢？」

煙攤前的人一聽，人人哈哈大笑，只有推銷員霎時變了臉色，但一時之間又不知該回應什麼。

想要用風趣的方式表達罵人的意思，就必須懂得「先褒後貶」、「明褒暗貶」的罵人藝術，口中說的盡是讚美的話，但是效果比髒話還要惡毒，讓人氣得牙癢癢，卻又莫可奈何。

幽默的效用在於能立時改變氣氛，又不會惹人反感。即便有些幽默話語暗藏諷刺，但也因說話的人表達方式風趣，令被譏笑的人無言可應。

用幽默的方法，說出你的真心話

為了一件小事爭辯，往往會使這件小事顯得格外重大，甚至會讓你惱羞成怒。

——莎士比亞

發揮幽默感，和緩對立局面

有些話語含著批評的意味、帶著惡意的攻擊，或者專門挖苦別人醜陋的事情，如果無法說得巧妙，還是不說為妙。

《聖經》上有這麼一句話：「人們若有一顆快樂的心，會遠勝於身懷一只藥囊，可以治療心理上的百病。」

機智和幽默如果運用得當，不但可以帶給人們快樂，還可以幫人們化險爲夷。機智是以智力爲基礎，可以憑著機智把表面上不相干的事情巧妙地連結在一起。它可以在文句上搬弄花樣，但是不一定會令人發笑。至於幽默，不僅是在言談之中賣弄玄虛，有時更是得體的玩笑。

幽默與機智都可以壓倒對手，顯出自己的聰明之處，也可以鼓起他人的興

致，或緩和緊張的局面，使大家開懷大笑。機智和幽默可以像陽光驅散重重烏雲，一切懷疑、悒鬱、恐懼，都會在恰當的話語中消失無蹤。

機智幽默運用得法，可以使敵人啞口無言，還能解除尷尬的局面，贏得別人的鼓掌與喝采。一則有關於馬克．吐溫的笑話正可以表現出這樣的特點。

某次，馬克．吐溫前去拜訪法國名人波蓋，言談之間，波蓋取笑美國的歷史很短：「美國人沒事的時候，總愛想念他的祖先，可是一想到他祖父那一代，便不得不停止了。」

馬克．吐溫一聽，便以充滿詼諧的語句說：「法國人沒事的時候，總是盡力想找出究竟誰是他的父親。」

不過，這類機智是危險的，不是一般人能使用，因爲它可以把一粒星火煽動成熾烈的怒焰，和對方爭辯的結果不是全面得勝，就是一敗塗地。所以，除非必要，不要隨便嘗試採用這類針鋒相對的機智。

幽默是有區別的，有些文雅，有些暗藏深意，有些高尚，有些低級。低級的幽默形同譏笑，往往一句話就足以令人勃然大怒。

若是一味說俏皮話，結果反而會不幽默。譬如，若把一個笑話反覆說三、五遍，起初別人還會覺得很風趣，到後來聽厭了之後，便不再感興趣。

想表現幽默時也要注意，若沒有適時適地善加運用，反倒會令人厭惡。例如，若眾人聚精會神地研究一個問題，你卻忽然在這時插進一句全無關係的笑話，不但不會引人發笑，說不定還反遭白眼相待。

另外，有些話語含著批評的意味、帶著惡意的攻擊，或者專門挖苦別人醜陋的事情，如果無法說得巧妙，還是不說爲妙。

用幽默的方法，說出你的真心話

那些只會嚼舌根、談是非的人，就像池塘裡的青蛙一樣，成天喝水而且聒噪不休。

——赫伯特

曲解「真意」，製造幽默涵義

如果平時多練習，辨明話的「真意」與「表意」，就可以適時應用位移幽默表達自己想說的意思。

絕大多數人都希望自己能言善辯、妙語如珠，幽默詼諧地和周遭同事與朋友交談。這時，若能把握位移幽默的技巧，就能爲自身談吐增色不少。位移幽默就是把重點移到另一個主題上，避開原來的主題。這類幽默往往會造成意想不到的效果。

例如，在一次軍事考試的面試中，主考軍官問士兵：「某個漆黑的夜晚，你在外面執行任務，這時，有人從後方緊緊抱住你的雙臂，你該說什麼？」

「親愛的，請放開我。」士兵從容地回答。

這段無厘頭的對話，乍看之下會讓人覺得有些莫名其妙，但仔細一想其中涵義，實在令人忍俊不禁。軍官提問是想知道士兵要怎樣對付敵手，但年輕的士兵則理解爲戀人抱住他雙臂時，他該說什麼。把原本重點「怎樣對付抱住他雙臂的敵手」，巧妙轉移成「怎樣對付抱住他雙臂不放的情人」，這就是位移幽默。

人們說的話，往往字面意思與說話者想表達的意思並不完全一致，也就是一句話有「表意」和「眞意」。將人們話語中的「眞意」棄之不顧，只取話語的「表意」，就是位移幽默的根本技巧。

房客對房東抱怨：「我無法再忍受了，這房間不斷漏水。」

豈知，房東聽了竟然反駁說：「你還想怎麼樣？就憑你繳的那一點房租，難道還想漏香檳不成？」

這的確是個很精湛的幽默。房客抱怨房間漏水，但是精明的房東卻反唇相譏，暗指付多少房租就住什麼房子。

如果平時多練習，辨明話的「眞意」與「表意」，就可以適時應用位移幽默表達自己想說的意思。

用幽默的方法，說出你的真心話

如果你能夠把諂媚的花言巧語讓人聽起來變成坦率懇切的苦口良言，那麼你就離成功不遠了。

——喬叟

用巧妙的方式讓對方省悟

硬要用言語交鋒的方式扭轉對方的看法，可能不但無法揪出他錯誤的觀念，還讓他逐漸加深成見，那反而造成反效果了。

日常生活中，我們隨時都可能脫口說出批評的言語。

有些批評是壞的，例如當你存心想傷害對方的時候，這時的批評就充滿惡意；但是有些時候，批評是好的，因爲你期望對方進步，也期望未來會更好，出發點是好的，目的也是正確的。

但是，沒有人喜歡聽批評的言詞，不管是好的，還是壞的。所以，小心選擇批評的手法就顯得相當重要。

只要方法用對了，即使再嚴厲的批評，也能讓對方接受。

徐錫麟先生是個出色的文學家、教育家，最後在辛亥革命中轟轟烈烈地為國捐軀。早年，徐錫麟在紹興中學堂擔任相當於現在副校長一職的工作時，發現有個家境還不錯的學生偷了東西，於是便將這個學生叫到辦公室來，問他：「你知道不知道我為什麼叫你來辦公室？」

這學生吊兒郎當地回答：「不知道。」

「我要告訴你一個好消息，我抓到了一個小偷了。」徐錫麟平靜地說。

學生一聽嚇了一跳，隨即故作鎮定地說：「喔！小偷在哪裡啊？」

徐錫麟遞給他一面鏡子，很嚴肅地對他說：「你看看，小偷就在鏡子裡。你仔細地看看他吧！看看他的外貌，再看看他的靈魂。」

聽到這段話，這名學生羞愧得抬不起頭來，從此痛改前非。就這樣，徐錫麟巧妙地拯救了一個正要墮落的靈魂。

在上述的例子中，若是徐錫麟用責罵的方式對待學生，說不定會激起該名

學生的叛逆性，導致那學生的行爲不但沒有改善，反而越來越糟。

徐錫麟懂得這個道理，因此改採「罵人不用髒話」地勸說方式，讓該名學生自我省悟。

同樣的，當我們發現他人對自己有錯誤的觀感或成見時，應該想辦法加以改變，只是，這時若是硬要用言語交鋒的方式扭轉對方的看法，可能不但無法改變錯誤的觀感，還讓他逐漸加深成見，那反而造成反效果了。

用幽默的方法，說出你的真心話

當我們自以為在領導別人的時候，往往正是被別人牽著走得最快樂的時候。

——拜倫

針鋒相對，是為了替自己製造機會

所謂「針鋒相對」的反擊方式，並不是指能不顧禮節地貶低對方，而是要用合理與合禮的語言，反擊對方的言論。

商場上的談判如同戰爭一樣，是雙方力量和智慧的較量。在談判過程中，遇到一些故意刁難的事情發生時，爲了捍衛自己的人格與尊嚴，針鋒相對地做出反擊是非常必要的。

一次外貿談判中，中方外貿代表拒絕了一位紅頭髮西方外商的無理要求。沒想到，這名商人惱羞成怒，竟然出口傷人：「代表先生，我看你皮膚發黃，大概是因為營養不良，才造成你現在思考紊亂吧？」

中方代表立即順著對方的邏輯反擊：「經理先生，我不會因為你皮膚是白色的，就說你嚴重失血，造成思考紊亂；也不會因為你頭髮是紅色的，就說你吸乾他人的血，造成腦袋發昏。」

這句話雖然沒有直接責罵對方，但實際上罵得比對方還刻薄歹毒，讓那名外商十分難堪。

「針鋒相對」的辦法，不僅是簡單地否定對方的談話內容，還要用明確或誘導性的語言，把對方的熱情激起來，引向你希望方向。

某個玻璃工廠代表與國外財團談判關於合資經營新型浮法玻璃廠問題時，對方自恃技術、設備先進，因而向廠方漫天要價，使談判一度陷於僵局。

於是，廠方代表致詞時說：「我們的祖先早在一千多年以前，就把指南針、造紙術、印刷術和火藥等四大發明無條件地貢獻給全人類，他們的後代子孫，從未埋怨他們不要專利權是愚蠢的行為，相反的，卻盛讚祖先為推動世界科學

的進步做出了偉大的貢獻。現在，我們和各國經濟合作時，並不要求各國無條件地讓出專利權，只要價格合理，我們一文錢也不會少給。」

廠方代表這番致詞，贏得了對方的讚賞，使談判氣氛一下子又活絡起來，雙方最後順利達成協議。

談判過程中，當你受到對方刁難甚至是侮辱時，若是悶不吭聲地乖乖承受，只會讓對方覺得你是個好欺負的人，連帶也會看輕你代表的團體，之後的談判中，多半會得寸進尺，用強烈的攻勢使你無法招架。

因此，面對被刁難的情況時，要用「針鋒相對」的方式反擊回去。

但是，所謂「針鋒相對」的反擊方式，並不是指不顧禮節地貶低對方、辱罵對方，而是要用合理與合禮的語言，反擊對方的言論，讓對方明瞭你不是個好欺負的人。

這樣，才能使「針鋒相對」的反擊方式，在談判過程中發揮最大的效用。

用幽默的方法，說出你的真心話

懷著輕蔑對方的心理，就會使你的話語充滿怒氣，不僅會傷害別人，也會傷害自己。

——賀拉斯

加點「佐料」，更能發揮功效

要發揮幽默的功效，就得在談吐中加點佐料，讓枯燥的語言中有色彩與起伏，讓平凡的日子裡有歡笑與喝采。

有些幽默完全是爲了交際需要，刻意設計的，除了引人發笑之外，還有深刻的涵義。這些言談幽默的人從不輕易傷害別人，只會使別人和自己生活中時時刻刻充滿風趣和快樂，可說是令人快樂的成功交際家。

話說有一位年輕人最近當上了董事長，公司內部議論紛紛。

上任第一天，他召集公司職員開會，在會中自我介紹說：「我是陳剛，是你們的董事長。」然後打趣道：「我生來就是個領導人物，因為……我是公司

前董事長的兒子。」結果，參加會議的人都笑了。

他用幽默的口吻和「反諷」的修辭手法，證明他能以公正的態度看待自己的地位，並對於大家的懷疑充滿理解。

實際上，他正是採取這種反諷方式委婉表示：「我會讓你們改變對我的看法，讓眾人知道我是靠自己的努力登上董事長之位。」

要發揮幽默的功效，就得在談吐中加點佐料，讓枯燥的語言中有色彩與起伏，讓平凡的日子裡有歡笑與喝采。

不論是採用以上何種幽默方式，只要能在言談中加上一些幽默元素，就能讓自己與周遭人的生活更快樂，同時能調和自己與部屬的關係。

用幽默的方法，說出你的真心話

為何我們明知諂媚不是一個好東西，卻還是寧願接受。因為，這至少代表我們擁有被人奉承的價值。

——愛默生

輯9.

照著對方的思路加以諷刺

如果你厭煩了那種虛張聲勢的行為模式，
不妨找個適當機會，
發揮「罵人不帶髒字」的智慧回敬一番。

讓對方身歷其境，就能化解窘境

當自己的權威遭到挑戰，嚴厲斥責對方並不是最好的方式，讓對方身歷其境，更可以輕鬆地化解自己的窘境。

很多時候我們會遭受到刁難，對方可能會在雞蛋裡挑骨頭，想在菜頭堆裡買饅頭，這些舉動的目的自然是找麻煩。

這時候，不論是假意迎合附和或強硬對抗，都可能恰好落入對方的陷阱裡。最好的應對方式是設法讓對方「身歷其境」，讓他自己嚐嚐苦頭。

一九五六年，前蘇聯共產黨第二十次代表大會上，赫魯雪夫做了「秘密報告」，揭露並批評史達林施政的一系列錯誤，引起蘇聯百姓及全世界各國的熱

烈反響，大家議論紛紛。

由於赫魯雪夫曾經是史達林非常信任和器重的人，所以這番「報告」使很多人懷疑：「既然你早就知道史達林的錯誤，那你為什麼之前從來沒有提出過不同的意見？你當時在做什麼？你有沒有參與這些錯誤行動？」

後來，有一次在黨代表大會上，赫魯雪夫再次批判史達林的錯誤。這時，有人從聽眾席上遞來一張紙條。

赫魯雪夫打開一看，只見上面寫著：「那時候你在哪裡？」

這是一個非常尖銳的問題，赫魯雪夫看了，臉上的表情顯得很難堪。

他很難回答這個問題，但又不能回避這個問題，更無法隱藏這張紙條，這會使他失去威信，讓人覺得他沒有勇氣面對現實。

他也知道，許多人心中懷有同樣的疑問，更何況此時台下有上千雙眼睛盯著他手裡的那張紙，等著他唸出來。

赫魯雪夫沉思片刻，拿起紙條，大聲唸了一遍紙條上的內容，然後望著台下的聽眾席，大聲喊道：「這張紙條是誰寫的？請你馬上從座位上站起來，走上台。」

當時沒有人站起來，所有人的心跳都非常快，不知赫魯雪夫要做什麼。寫紙條的人更是忐忑不安，心裡非常後悔剛才衝動的舉動，想著一旦自己被查出來後得面對怎樣的結局。

赫魯雪夫又重複一遍他說的話，請寫紙條的人站出來。全場仍舊一片死寂，大家都等著赫魯雪夫發怒。

但幾分鐘過去了，赫魯雪夫卻平靜地說：「好吧，我告訴你，我當時就坐在你現在坐的那個地方。」

面對著台下聽眾提出的尖銳問題，赫魯雪夫不能不講眞話，但是，如果他直接承認「當時我沒有膽量批評史達林」，勢必會大大傷害自己的形象，也不合一個權威性領導人的身份。

於是，赫魯雪夫巧妙地即席創造出一個場面，藉這個衆人皆知其含義的場景，婉轉、含蓄地暗示自己的答案。這種回答既不損自己的威望，也不讓聽衆

覺得不肯承認錯誤。

同時，赫魯雪夫創造的這個場景，還讓所有在場者感到他是個幽默風趣、平易近人的領導者。

由赫魯雪夫的例子可知，當自己的權威遭到挑戰，嚴厲斥責對方並不是最好的方式。這時，採取退一步思考問題的策略，讓對方身歷其境，更可以輕鬆地化解自己的窘境。

用幽默的方法，說出你的真心話

如果一方退出，那麼爭吵就會很快停止，沒有雙方參加就不會有戰爭。

——塞涅卡

照著對方的思路加以諷刺

如果你厭煩了那種虛張聲勢的行為模式，不妨找個適當機會，發揮「罵人不帶髒字」的智慧回敬一番。

英國作家湯瑪斯．富勒曾經說：「喜歡自我吹噓的人既是弓箭手又是箭靶，他所有的行為都是在射殺自己的名譽和利益。」

當一個人喜歡把自己看得很「大」，就會虛張聲勢，說詞變得浮誇。遇到這種浮誇不實的人，不妨順水推舟，照著對方的思路加以諷刺。

老張和老李兩個人一同走在路上，遠遠見到一名富翁坐著華麗的轎子經過，老張見狀，急忙拉著老李躲到巷子裡，壓著嗓子說：「坐在那轎子上的人是我

親戚，我如果不趕緊迴避，他見了我，就要下轎來對我行禮，怪麻煩的！」

「嗯，這是應該的。」老李點點頭，輕輕地說。

眼見轎子走遠了，兩個人才又一塊前行。不一會兒，迎面來了一個騎著駿馬的達官貴人，身旁還帶著許多衙門的差役，老張於是又急急忙忙地拉著老李躲到巷子裡，故作神秘地說：「這個穿金戴銀、騎著馬的官爺，是跟我從小一起長大的好朋友，我如果不躲一躲，他看見我，就會下馬跟我寒暄。我擔心他因此而誤了正事，所以還是躲起來避一避比較好。」

「嗯，說得也是。」老李嘴上說得輕鬆，眼裡卻露出了不悅的神色。

馬隊走遠了以後，兩個人再度走在大馬路上，忽然見到一個衣衫襤褸、骨瘦如柴的乞丐經過。這一回，換老李表現得緊張兮兮的了。他急急忙忙拉著老張躲到巷子裡，對老張說：「這個叫花子是我的遠房親戚，又是我從小一起長大的好朋友，我得趕緊躲一躲，要不然，他看見我一定會向我借錢的。」

「怎麼從沒聽過你有這樣的親友？」老張驚訝得合不攏嘴。

「怎麼會沒有呢？那些稍微像樣一點的都被你挑了去，我當然只能和剩下

的這些乞丐交朋友！」

待人處事，切記謹言慎行，就算自己眞的很有辦法，也不要太自大。喜歡放大自己的人，往往會招人嫌怨，明明處在人群裡，卻沒有人願意與他親近。人不可能永遠站在亮處，偶爾適度隱藏自己的鋒芒，讓身邊的朋友也有發光發亮的機會，這是圓融的人生所必須具備的智慧。

如果你厭煩了那種虛張聲勢的行爲模式，不妨像故事中的小李，找個適當機會，發揮「罵人不帶髒字」的智慧回敬一番。

用幽默的方法，說出你的真心話

要暗殺一個人，可以有各種不同的方式，用手槍、刀劍、毒藥，或者是道德上的暗殺。這些方式的結果都是相同的，只是最後一種更為殘酷。

——拿破崙

把嘲諷說得像奉承

當別人誇你的時候，不要得意忘形，當你遇到喜歡打種臉充胖子的人，不妨學學正話反說技巧，把嘲諷說得像奉承。

一個人不怕做錯，只怕一錯再錯；不怕做錯，只怕不肯認錯；不怕做錯，只怕不知道自己哪裡做錯！

做錯並不可怕，怕的是，根本分不清對錯，還把別人的嘲諷當成奉承。

某甲到一位剛認識的朋友家作客，一進門，就看見一名僕人端茶出來，可是這個僕人全身上下竟然不著一縷，只有兩塊瓦片串在一條繩子上，繫在腰間，一前一後剛剛好把下半身遮蓋住。

此情此景使某甲不禁看得目瞪口呆，主人發現客人面露驚愕神色，立刻嚴厲地斥責僕人道：「有客人來家裡，你這狗奴才竟然把這種粗厚的衣服穿出來，成何體統！快去換些輕軟的衣服來，千萬別怠慢了客人！」

僕人挨了主人斥罵，匆匆忙忙趕回房裡更衣去了。

過了一會兒，僕人再度來到廳裡替客人倒茶，只見他身上的瓦片已經解去，取而代之的是兩片荷葉，同樣用一條繩子綁著，遮掩住下半身。啊，所謂「輕軟的衣服」，原來只是兩片荷葉！

某甲裝出見怪不怪的樣子，瞥了僕人一眼，對主人奉承道：「您家真是名不虛傳的大戶人家，連僕人都打扮得這麼新潮！」

「沒的事，我們家哪裡是什麼大戶人家……」

「這您就別客氣了，光是您家的僕人，就有分粗厚的衣服，以及輕軟的衣服，連這些小事都有這麼多規矩了，別的事還用說嗎？」

「呵呵……」主人聽不出客人的譏諷，笑得好不得意，還擺出一副體恤下人的表情：「這是應該的，我對待下人一向寬厚。當初僕人來到我家的時候，

我們就已經言明，吃飯他得自己負責，我只管他的衣服，如果再不讓他有多一套衣服替換，我哪裡留得住人啊？」

要認清自己的缺點確實不容易。因爲，當你有一點分量時，旁邊的人只會奉承你；當你不再有分量的時候，旁邊的人就會趁機踐踏你。人生很難得到一個知己是可以忠誠地指出我們的缺點的。因此，當別人誇你的時候，不要得意忘形，更不要順著竿子往上爬，因爲那些話可能充滿了言外之意。

相對的，當你遇到喜歡打腫臉充胖子的人，不妨學學故事中的正話反說技巧，把嘲諷說得像奉承。

用幽默的方法，說出你的真心話

有時候，談話的妙處並不在於表達自己的想法，而是在引發別人的想法，讓他主動接受自己的觀點。

——拉布呂耶爾

如何讓吝嗇鬼吃悶虧?

如果你真的受夠了身邊的那些吝嗇鬼，想好好諷刺一番，那就抱著輕鬆的態度，設計一些橋段，讓對方哭笑不得。

小氣的人最大的問題不在於旁人無法從他們身上佔到一點便宜，而在於他們太會計較，別人想不跟他們計較都不行。

遇上這種人，除了把他們當成笑話，或是生活之中的調味劑，偶爾諷刺一下之外，又能如何呢？

一戶人家素來以吝嗇出名，而且名聲遠播，方圓百里之內，沒有人不知道這戶人家的小氣習性。

一次，他們家要辦一場祭祀大會，經過一陣殺價後，便委託道士幫忙，希望他多請一些神明降臨增添光彩。

道士想了一下，告訴這家主人說，這恐怕就要請京城裡面的神了。

主人聽了這麼奇怪的說法，訝異地問：「為什麼要請那麼遠的？附近的神難道就不是神了嗎？」

道士回答道：「附近的神都知道你們家是從來不請客的，就算你是真心要請祂們，我想祂們也不會相信。」

吝嗇似乎是人們不能忍受的一個大毛病。奇怪的是，一個人吝不吝嗇是他自己的事，只要他沒有佔你的便宜，吝嗇又有什麼錯？但是，眞的和吝嗇的人相處過後，你很快就會發現，吝嗇還眞是令人厭惡的一個壞習性。

他會爲了你欠他的是一塊錢還是兩塊錢跟你吵個沒完，又會爲了你借用他的一張白紙而耿耿於懷，一起唱KTV時，他甚至會爲了誰唱得比較多，誰該付比較多的錢而爭論個不停。

所謂「凡事太盡，緣分早盡」，和一個太會計較的人在一起，你巴不得和他之間的「孽緣」早早到盡頭。

吝嗇的人也許本身並沒有礙到別人，但卻顯示了他是個小鼻子小眼睛的人。他們最令人無法忍受的不是細膩又多此一舉的行爲，而是一點也不肯吃虧、完全沒有風度的表現。

如果你眞的受夠了身邊的那些吝嗇鬼，想好好諷刺一番，那就抱著輕鬆的態度，設計一些讓對方會問「爲什麼」的橋段，然後像故事中的道士說出「爲什麼」，相信一定讓對方聽了哭笑不得。

用幽默的方法，說出你的真心話

談話時滔滔不絕，是一種機能失調的現象，因為它使患者收不住自己的舌頭。

——比爾斯

接受實話，才不會淪為笑話

拒絕別人的批評，同時也是排除自己進步的空間。只有學會去接納別人的實話，你才能免於淪為別人的笑話。

莎士比亞曾經在著作中提醒我們：「眼睛不能看見它自己，必須藉著反射，藉著外物的力量。」

就像外物的反射必然刺眼，別人的批評聲音也同樣是刺耳的，但是，我們必須試著去接受它，因爲它往往是赤裸裸的眞話。

人生有兩個重要的課題：一是認清自己是個什麼樣的人，二是學會去接納那些和自己不一樣的人。

有個人到酒鋪裡買酒，試喝了一口之後，嫌酒太酸，不願意買。誰知脾氣暴躁的老闆一氣之下，竟然拿出繩子，一下子將這個「不識貨」的傢伙吊到屋樑上。

過了不久，另一位客人路過，見到這種令人訝異的情景，便問老闆為什麼把人吊在樑柱上。

老闆說：「我這小店的酒一向品質極佳，頗受客人的讚譽，這個人卻嫌我的酒酸，你說，我是不是應該給他一點教訓？」

「這樣好了，」客人對老闆說：「不如讓我來替你們評評理，借杯酒給我試喝一下吧！」

孰料，這位客人嚐完酒後，蹙起眉頭對老闆說：「你還是把他放下來吧！如果說酒酸就要受到懲罰，那麼，你就把我吊上去吧！」

西諺有云：「你的美酒可能是別人的毒藥。」

同樣一件東西，吃到不同人的口中，自然會有不一樣的滋味。如人飲水，

冷暖自知，你又怎麼能要求別人和你有相同的感受呢？

拒絕別人的批評，同時也是排除自己進步的空間，因此，碰到那些當面直話直說的人，你應該心存感激才是。

最起碼，他們是當著你的面講，而不是在你背後不負責任的批評；他們說話的目的，是給你中肯的建議，而不是把你當八卦來說。

只有學會去接納別人的實話，你才能免於淪爲別人的笑話。

相對的，如果你想教訓一下那些自以爲是又蠻橫霸道的人，並不需要用強制的手段和對方應碰硬，不妨使用類似的方法，既從容幽對方一默，又有效地突顯對方的幼稚。

用幽默的方法，說出你的真心話

最具有殺傷力的話，並不是胡亂編造的假話，而是根據事實加油添醋的真話。

——馬可瑞茲

融會貫通才能活學活用

如果對方聽不進或聽不懂你的金玉良言，那麼，你也不必斥責他，最好的方式就是不管他，或是想想其他更毒辣的笑話諷刺一番。

天下事往往有利害兩面，只有讀書這件事是有利而無害。所謂「書到用時方恨少」，讀書其實是一種最好的投資，因爲它不只充實現在的生活，還可以爲以後的人生帶來許多新的契機。只是，有的人天生就是書呆子，讀了一卡車的書，卻不知道該如何運用。

有個讀書人風塵僕僕地赴京應試，不料寫作文時，只見他敲著腦袋苦苦思索，久久無法下筆。

他的僕人到考場去陪考，只見考生們交完卷子以後紛紛走出考場，唯獨看不見主人的身影。

眼看天快黑了，主人不知道還要在裡頭奮戰多久，心急如焚的僕人於是問別家的僕人：「你知不知道寫一篇文章，大約需要多少字？」

那名僕人回答說：「我聽我家主子說，大約不過五六百字吧！」

「五六百字有什麼難的？難道我家主人連五六百字也不認得？都已經這麼晚了還不出來！」

「你別心急，慢慢等候就是了。」另外那名僕人說：「你家主子的肚子裡豈止五六百字，只是一時湊不起來罷了！」

哲學大師培根曾經在著作裡說：「有些書只需品嚐，有些需要吞嚥，還有少數的書需要細嚼。」

遇到那些只知道死讀書的書呆子，你可以引用這個笑話，然後告訴他們：「讀書貴在通而不在多，如果你到現在還覺得書本並不能爲你帶來任何好處，

那是因爲你還讀得不夠深入，不懂得融會貫通。懂得融會貫通，才能活學活用。即使是最通俗的文字，也有値得我們學習的地方，畢竟，那都是我們生命領域之外的一章；只要能夠活學活用，你的生命又可以展開新的一頁。」

如果對方聽不進或聽不懂你的金玉良言，那麼，你也不必斥責他，最好的方式就是不管他，或是想想其他更毒辣的笑話諷刺一番。

用幽默的方法，說出你的真心話

罵人必須懂得明褒暗貶，必須懂得旁敲側擊，必須像殺人於咽喉處著刀地切中被罵者的要害。

——騷塞

有技巧的批評才能發揮效用

批評的目的應是讓對方了解錯誤並進行改正。因此，成功的批評應該在不損對方自尊心的情況下，使對方心甘情願地接受你的建議。

批評是一門藝術，把握得不好，藝術便會變成惹人厭的廢物，所以批評他人時得掌握好技巧。

充滿幽默的批評方式就是一種成功的批評法，可以使人在輕鬆的氣氛中發現並改正自己的錯誤，這樣的批評才能發揮最大的效果。

莫莉是卡內基的秘書，是一位漂亮又乖巧的女孩。在她眼中，卡內基是全世界最好的上司，她說自己從來不曾聽到卡內基用刻薄的語言批評下屬。

某一次離下班還有一刻鐘的時候，莫莉就急著想回家了，但她尚未整理完卡內基第二天的演講稿，於是匆匆地處理了那些講稿後就離去了。

第二天下午，卡內基演講結束後回到辦公室時，莫莉正坐在辦公室裡看著《紐約時報》，卡內基則面帶微笑地看著她。

莫莉問：「卡內基先生，您今天的演講一定很成功吧！」

「非常成功，而且掌聲如雷！」卡內基接著面帶微笑地說：「莫莉，妳知道嗎？我今天本來是要去演講怎樣擺脫憂鬱的問題，可是當我打開講演稿讀出來的時候，全場都哄堂大笑了。」

「那一定是您講得太精采了！」

「是這樣的，我讀的是怎樣讓乳牛多產奶的一條新聞。」說著，他仍舊帶著微笑地拿出那張報紙遞到莫莉面前。

莫莉的臉頓時紅了一大半，羞愧地道歉：「是我昨天太大意了，都是我不好，讓您丟臉了吧？」

「當然沒有，這反倒給了我更多的發揮空間呢，我還得感謝妳！」卡內基

依舊露出笑容輕鬆地說。從那次以後，類似這樣的毛病就不曾再出現在莫莉身上，而莫莉也更加覺得卡內基是個和藹又寬容的好上司。

萬不得已非得批評他人的時候，可以採用幽默的方式，例如先說個笑話拉近彼此的距離，然後再進行批評，如此既能讓對方了解自己的錯誤，也不會傷了對方的心，是相當高明的批評方式。

批評的目的是爲了讓對方了解錯誤並進行改正，不是對他人進行人身攻擊，因此，成功的批評應該是在不損對方自尊心的情況下，使對方心甘情願且樂意地接受你的建議，如此才能眞正發揮批評的作用。

用幽默的方法，說出你的真心話

口中的舌頭是什麼？它是智慧寶箱的鑰匙，只要不打開，誰都不知道裡面裝的是珠寶還是雜貨。

——薩迪

懂得批評的藝術，才不會讓人發怒

批評應該針對對方的行事，而非針對對方本身。這樣的批評不但無法達到勸諫的效果，反到會令對方惱羞成怒，進而會破壞彼此間的關係，不可不慎！

英國首相布萊爾曾經說過：「領導必須具備的說話藝術，在於說『不』而不是說『好』，因為說『好』太容易了。」

的確，一個高明的領導者必須具備向部屬說「不」的智慧，而且還必須在部屬犯錯時恰當批評，讓部屬心服口服地欣然接受，遵照自己的指令行事。

批評是一種藝術，領導者要做到批評別人還使對方心服口服，就要講究竅門，下面談談一些可行的批評方式。

一、請教式批評

有個人在一處禁止垂釣的水庫邊網魚，這時從遠處走來一位員警，釣魚者心想這下糟了。但員警走來後，不僅沒有大聲訓斥他，反而和氣地說：「先生，你在此洗網，下游的河水豈不被污染了嗎？」

這種請教式的批評令釣魚者十分不好意思，趕忙道歉。

二、暗示式批評

某工廠的工人小王要結婚了，主任問他：「你們的婚禮準備怎麼辦呢？」小王不好意思地回答說：「依我的意見，婚禮簡單點就好，可是丈母娘卻說她就只有這個獨生女……」

主任說：「喔，不過我們工廠內的小玉、小靜也都是獨生女啊！」

在這段話中，雙方都用了暗示性的話語。小王的意思是婚禮得辦得豪華些，主任則暗示別人也是獨生女，但她們的婚禮還不是辦得很簡單？

三、安慰式批評

年輕時期的莫泊桑曾向著名作家布耶和福樓拜請教詩歌創作，這兩位大師一邊聽莫泊桑朗讀詩作，一邊喝香檳酒。

布耶聽完後說：「你這首詩雖然不甚通順，不過我讀過更壞的詩。這首詩就像這杯香檳酒，雖不美味但還是能喝。」

這個批評雖然嚴厲，但留有餘地，仍給了對方一些安慰。

四、指出錯時也指明對

大多數的批評者往往把重點放在指出對方「錯」的地方，但卻不能清楚地指明「對」的應該怎麼做。

有人會批評別人說：「你非這樣不可嗎？」基本上這是一句廢話，因爲沒有實際內容，只是純粹表示個人的不滿意罷了。

五、別忘了用「我」字

一位女性對她的同事說：「妳這套時裝過時了，眞難看。」

這只能是個人的主觀意見，他人不見得能認同。

正確的表達方式，應當說明那是「我個人的看法而已，僅供參考」。這樣，別人比較能接受，也才有興趣瞭解你爲何有此看法。

批評總是不動聽的，所以領導者在開口之前，最好多想想。

另外，批評應該針對對方的行事，而非針對對方本身，不然就是人身攻擊了；這樣的批評不但無法達到預期的效果，反到會令對方惱羞成怒，進而會破壞彼此間的關係，不可不愼！

用幽默的方法，說出你的眞心話

有時誇獎會糟蹋一個人，再怎麼堅定的人，如果誇獎得讓他失去知覺，他也會背離正路。

——奧斯特洛夫斯基

輯10.

用幽默代替生氣

生氣不能解決問題，
有時候，一顆寬容的心，
幾句幽默的話語，
就可以把肝火化為笑意，
把敵人變成朋友。

把路走絕，難免吃虧

很多時候，承認錯誤並不可恥。堅持己見不一定會把路走絕，卻一定會把自己的路越走越窄。

美國自然主義作家愛默生曾說：「對事理的強姦，不僅是說謊者與好辯者的一種自殺，而且也是對人類社會健康的一種傷害。」

不懂得替人著想的人總是說：「只要我喜歡，有什麼不可以！」只顧自己、不三思而後行的結果，經常造成社會的負擔、他人的不便，也會讓自己出糗。

一天，阿呆與阿瓜在百貨公司裡一邊抽煙一邊聊天。

店員看見了，趕緊上前去勸阻：「先生，我們這棟大樓是禁菸的，請不要在這裡抽煙。」

「奇怪了，你們百貨公司裡頭賣煙，卻不准客人抽煙，這是什麼鬼道理啊？」阿呆忿忿不平地說。

店員聽了，不卑不亢地回應道：「我們百貨公司裡頭也有賣保險套，你們要不要在這裡做愛呀？」

現實生活中，我們常常遇到這種沒有公德心又振振有詞的人，這位店員懂得順著對方的邏輯應對，無疑是最佳示範。

看完這個笑話，我們也該時時提醒自己不要讓人看笑話。

俗話說：「不聽老人言，吃虧在眼前。」

所謂的「老人」，不一定年紀有多老，他可能在年齡上不比你大，可是心智卻比你成熟；他可能在社會地位上不比你有成就，卻剛好看到了你沒有看見的眞理。

所謂的「吃虧」，也不一定就是吃眼前虧。有些事情或許可以讓你得到眼前的利益，卻可能會在不遠的將來擺你一道，讓你防不勝防，也避無可避，誰叫種下禍端的人就是你自己！

很多時候，承認錯誤並不可恥。堅持己見不一定會把路走絕，卻一定會把自己的路越走越窄。

很多時候，改變自己並不可怕。當你成功扭轉自己的觀念時，你會發現世界也因你而改變了！

用幽默製造「笑果」

幽默感可以打破人際關係中的僵局，避免許多尷尬的場面，還可以製造「笑果」，博得眾人的掌聲。

一對雙胞胎兒子從學校回到家裡，很興奮地告訴他們的母親說，她已經被他們全班同學投票選爲最漂亮的母親了。

這名母親聽了，當然非常得意，但是她後來想一想，不對！她兒子的同學沒有一個人見過她，又怎麼知道她長得到底有多漂亮呢？

於是，她便追問兩個兒子事情的經過。

兒子笑瞇瞇地回答說：「我們班上每一個同學都投票給自己的媽媽，只有妳得到了兩張票，所以當選的人當然是妳囉。」

出其不意的幽默感，往往能讓人會心一笑。同樣的，想嘲諷別人的時候，出其不意的答話方式，也很容易達成效果。

一名法國人和一名德國人受邀到一家知名的川菜餐廳吃飯。席間，法國人先嚐了一大口「夫妻肺片」，卻因為不小心連辣椒一起吃下去了，辣得熱淚盈眶，泛紅的眼眶裡滿是淚水。

德國人見狀，關心地問：「你怎麼啦？」

法國人自覺沒有面子，不好意思說出實話，只好說：「沒什麼！我只是突然想起我媽媽，心裡有點難過！」

過了沒多久，德國人也吃了一大口「夫妻肺片」，同樣吃到辣椒，被辣得痛苦流涕。法國人看了，好奇地問：「你怎麼啦？」

德國人擦擦眼淚，淡淡地回答：「沒什麼啦，我也想起了你媽媽！」

這話說得讓法國人大為不解，繼續追問道：「你流眼淚就流眼淚，幹嘛也要想起我媽媽？」

德國人聳聳肩，說道：「沒辦法！我想起了你媽媽，不知道她怎麼會生出你這麼一個不誠實的兒子呢？」

哈茲里特曾經寫道：「**幽默詼諧是談話的調味品。**」

想批評、指責對方，不一定要板著臉孔，如果你懂得發揮創意，適時幽默對方一默，更能達到自己的目的。

一個有幽默感和風趣的人，比較容易取得別人的喜悅。

幽默感可以打破人際關係中的僵局，避免許多尷尬的場面，還可以製造「笑果」，博得衆人的掌聲。

難怪麥克阿瑟將軍爲他兒子寫的祈禱文中，除了期望他堅強勇敢、心地善良、勇於接受磨練之外，還期盼上帝賜給他充分的幽默感！

井底之蛙總是認為自己最偉大

我們常常以為自己很重要，甚至想要讓別人認為自己有多重要，其實不過是突顯了一個井底之蛙的見識而已。

有的男人想要駕馭女人，因此總是喜歡藉機貶低女人，這樣的男人通常沒知識、沒常識，又喜歡虛張聲勢。

至於女人出言駁斥男人，並不代表她們就是有見識的女權主義者，她們所依據的不過是經驗法則。

第一的人，都有一個共通點，他們通常不會自稱第一。

不是第一的人，也有一個共通點，那就是他們總是認爲自己最偉大，以爲自己能做的事別人絕對做不到，而且還唯恐天下不知。

一對夫妻為了小事鬥嘴，丈夫說：「我是天，你是地。天地、天地，天在地的前面，所以妳應該聽我的。」

妻子不以為然地說：「哼！你少做夢了！我是陰，你是陽。陰陽、陰陽，陰在陽的前面，所以你才應該聽我的。」

「哪有這種事！」丈夫說：「男女、男女，男在女的前面。」

「誰說的？雌雄、雌雄，雌在雄的前面。」妻子不甘示弱地反駁道：「我們女人會生孩子，你們男人會嗎？」

「豈有此理！妳搞清楚，要是沒有我，妳能生孩子嗎？」

「當然可以！你以為這個世界上只有你一個男的嗎？」

只要是人，就免不了和別人發生摩擦，甚至激烈爭吵。其實，當現實環境不如預期，不妨發揮一些幽默感，提醒自己別跟沒修養的人一般見識。

在這個世界上，沒有誰是不可以被取代的。

我們常常以爲自己很重要，甚至想要讓別人認爲自己有多重要，其實不過是突顯了一個井底之蛙的見識而已。

眞正重要的人，從來不覺得自己重要。他不在乎先後，也不爭論輸贏；別人看到的是他的份量，他卻只看得見自己的本分。

越是懂得低頭的人，反而爬得越高。

第一永遠只有一個，在兩人的世界裡，我們追求的不是成爲第一，而是成爲彼此的唯一。

落井下石沒什麼好處

別人的失敗痛苦，不該是自己的快樂。你可以慶幸遇到難堪的不是你，但也應該要想到，明天遭遇相同處境的可能就是你。

活在這個世界的人類，大致可以分成兩種。

第一種人看到別人犯錯會慶幸地想：「幸好犯錯的不是我……」

另外一種人看見別人犯錯，會得意地想：「既然犯錯的不是我……」

有一個似曾相識的故事是這麼說的。

一群人包圍著一個出軌的女人，準備將她處死。

此時，傳佈福音的耶穌剛好經過，立刻出面主持正義，希望能夠拯救這名

可憐的女子免於死罪。

只是，眾人似乎不理會耶穌的勸阻，他們對耶穌說：「這個女人犯了通姦罪，按照法律，應該遭亂石砸死。」

耶穌聽了，微笑地對眾人說：「好！你們中間自認為沒有罪的人，可以首先砸第一塊石頭。」

此話一出，眾人面面相覷，每個人都不約而同地想起自己曾犯的罪過，個個面露慚愧之色，誰也不好意思動手。

就在這個時候，突然一位中年婦女正義凜然地從人群中挺身而出，拎著一塊手掌大的石頭，瞄準女子，狠狠地朝她頭上砸去，令那名犯罪的女子當場頭破血流，昏倒在地。

耶穌見狀，無奈地搖了搖頭，走到那名中年婦女身邊，喟嘆道：「您真會拆我的台啊，媽媽。」

正所謂「得饒人處且饒人」，落井下石對你本身並沒有什麼好處，反而有

可能惹來無窮的後患。

要知道，地球是圓的，運勢也是不斷變動的。世事迅速無常，站在低處的人總有一天會走到高處，站在高處的人也可能會有虎落平陽的一天。如果你的寬容能讓別人免除一些災難，那麼你又何樂而不爲呢？又何必執意要對落難的人丟石頭？

別人的失敗痛苦，不該是自己的快樂。你可以慶幸遇到難堪的不是你，但也應該要想到，明天遭遇相同處境的可能就是你。

用幽默代替生氣

生氣不能解決問題，有時候，一顆寬容的心，幾句幽默的話語，就可以把肝火化為笑意，把敵人變成朋友。

古代哲人有云：「以責人之心責己，便少過失；以恕己之心恕人，便能保全情誼。」

在生活中，我們難免都會遇到令人生氣的狀況，但在那把無名火升起之前，請先想一想，發了這把火，對事情本身會有任何幫助嗎？既然沒有，爲什麼不用幽默代替生氣呢？

唐朝武則天當政的時候，一天，宰相楊再思入朝，正好碰見一輛載滿重物

的牛車要出西門。

可是，當時正值大雨剛停，道路泥濘不堪，牛使勁了力氣也拉不動車子，結果卡在路上，進退不得。

趕車人面臨到這般窘境，生氣地罵道：「真是一群笨宰相，只顧天晴不顧雨天，把這條路修得這麼難走，害我們得吃這麼大的苦頭。」

話才說完，趕車人定睛一瞧，站在自己身邊的正是剛剛被自己罵得狗血淋頭的「笨宰相」楊再思，心想這下子完蛋了。

只見宰相大人非但沒有記恨，還對著他笑了笑，緩緩地開口說：「雖然你的牛很沒用，但是你也不應該這麼沒規矩地稱呼牠們為宰相啊！」

生氣不能解決問題，有時候，一顆寬容的心，幾句幽默的話語，就可以把肝火化爲笑意，把敵人變成朋友。

不隨便生氣的人，是世界上最大的贏家。

因爲，他們不只爲自己贏得了健康、快樂，還爲旁人帶來了好心情。你

說，這不是最富有的人是什麼？

赫胥黎曾經告訴們一個道理，他說：「人生不是受環境的支配，而是受自己的習慣思想所擺佈。」

如果說生氣是人的一種習慣，那麼，你可以試著改變自己，讓幽默也成爲你的一種習慣。

不要以慣性衡量眼前的環境

所有的誤會，其實都是由「想當然爾」開始的。在變動不羈的現實生活中，不能老是以慣性思維去衡量眼前的環境。

越在乎的人，我們反而越會對他產生誤會；越在乎的事，我們反而越會被自己的思路所侷限，因爲，我們都容易用「想當然爾」的慣性思維去衡量周遭的人事物。

「想當然爾」不一定是壞事，有時候，當我們想說服別人去做某件事的時候，不妨運用機智，適度迎合這種慣性。

這可會比你費盡唇舌還有效。

有一天下午，阿嘉到醫院做健康檢查，不久護士小姐拿了針準備要替他抽血，阿嘉看著眼前面目猙獰的的粗大針頭，忍不住小聲地問：「會不會痛啊？我最怕痛了……」

護士拍拍他的肩膀，笑得像聖母瑪莉亞般慈祥，溫柔地說：「放心好了，我做了二十幾年的護士……」

阿嘉聽到這裡，心裡的那塊大石頭總算落了地：「那太好了，既然妳這麼有經驗，我就放心了。」

沒想到話才剛說完，護士一針用力地刺下，整層樓都聽得見阿嘉像殺豬般淒厲的慘叫聲。

此時，護士才緩緩把先前要說的話說完：「我做了二十幾年的護士，沒有一次不痛的……」

「想當然爾」的這種念頭，有可能推敲出正確的結論，但也有可能因而產生荒謬的誤會。

因此，聽話要聽完全，說話要說清楚。

生命的藤蔓往往不是我們能決定生長方向的，它會在何時，以何種姿態與別株藤蔓相會、交錯、糾葛，也不是我們所能預料的。

很多時候，一個不經意的停頓、搖擺、轉身，兩株藤蔓就從此擦身而過，分別往兩個截然不同的方向攀爬，終於，一切事情的發展，都和我們原本以爲的不一樣了。

所有的誤會，其實都是由「想當然爾」開始的。因此，在變動不羈的現實生活中，不能老是以慣性思維去衡量眼前的環境。

倚老賣老，只會招來訕笑

碰到愛倚老賣老的人，誰有耐性跟他耗？誰有修養去忍受？唯一的辦法，就是陽奉陰違、以柔克剛。

雖然許多人提倡「敬老尊賢」，但是，也有人不以爲然，認爲老人未必就是好人，賢人也可能是閒著沒事幹，只會高談闊論的人。

因此，做人千萬不要只長歲數沒長大腦，更不要動不動就倚老賣老，否則恐怕會招來別人的訕笑。

話說，有一天，十歲的男孩突然問父親：「爸爸，做父親的總是比兒子知道得多嗎？」

「當然啊！」爸爸自信滿滿地回答。

男孩又問：「那麼，爸爸，你知不知道蒸汽機是誰發明的？」

「怎麼會不知道呢？」這問題太簡單了，爸爸回答得好不神氣：「蒸汽機是瓦特發明的！」

「可是……爸爸，」男孩一臉疑惑地說：「那，為什麼瓦特的父親不發明蒸汽機呢？」

根據人力資源公司一份調查顯示，年輕上班族裡，有五成六的人表示最受不了中高齡同事「倚老賣老」。

明明只長歲數沒長腦袋，爲什麼這些「老人家」說的話自己就要奉爲聖旨？雖然他們的資歷自己深，但能力未必比自己強，憑什麼在他們面前，自己就要乖乖低頭？

碰到愛倚老賣老的人，誰有耐性跟他耗？誰有修養去忍受？唯一的辦法，就是陽奉陰違、以柔剋剛。

既然他那麼想在人前人後有所表現，就給他表現的機會，他愛出鋒頭，就事事徵詢他的意見，讓他覺得受到重視而更盡心盡力的把擔子往肩上扛，不是也不錯嗎？

天底下沒有不能解決的問題，只有自覺無解的心。只要你認爲它不是什麼大問題，問題就會自然而然地消失了！

別為了娛樂自己而讓別人尷尬不已

開玩笑要開得點到為止。最高明的幽默，是要令人會心一笑，而不是像個傻瓜似的讓別人對自己捧腹大笑。

你曾經有過講錯話而遭到訕笑的經驗嗎？

所謂「君子一言既出，駟馬難追」，講過的話是潑出去的水，你曾經爲了這灘污水而輾轉難眠，不知所措嗎？

放心，比你更烏龍的還大有人在。

講錯話沒關係，最怕的就是說錯了話卻不自知，還沾沾自喜，那可就眞的是雪上加霜了！

清朝的時候，有一個有錢的員外，有四個如花似玉的女兒，分別嫁給四位號稱才高八斗的女婿。

這一天，員外一年一度的壽辰到來了，所有的親朋好友都前來祝壽。壽宴進行到一半時，有人提議來個「詩詞對句」增添氣氛，此時，員外的四個女婿當然是當仁不讓！

員外出了一個題目，規定對句裡一定要有「大小多少」這四個字才算合格，你爭我鬥的對句競賽於焉登場。

大女婿反應最快，他看了看手裡的扇子，文質彬彬地開始說了：「我這把扇子啊，用的時候大，不用的時候小；夏天用得多，冬天用得少。」

現場一陣掌聲如雷，二女婿聽了，立刻站起身子走到門口，指著門邊擺放的傘不甘示弱地說：「我這把傘啊，用的時候大，不用的時候小；雨天用得多，晴天用得少。」

眾人又是不斷連聲稱好，三女婿的學問最差，但這時「輸人不輸陣」，他也不得不跳起來了。

他操著粗聲粗氣的山東腔指著自己的嘴巴說：「我這張嘴巴啊……用的時候大，不用的時候小；罵髒話用得多，刷牙用得少。」

現場一片譁然，四女婿只好趕忙跳出來解圍。只是，他的腦袋一片空白，根本想不出來任何和「大小多少」有關的對句。

眼看著氣氛僵凝了起來，四女婿突然靈光一閃，站直身體，往自己的那話兒一比，胸有成竹地說：「我這傢伙啊，用的時候大，不用的時候小；晚上用得多，白天用得少。」

我的天哪！這下子，女眷們聽得個個漲紅臉尷尬不已，員外的臉更是不知道該往哪裡擺了！

想當然爾，這個好面子的員外從此再也沒有擺過壽宴了。

很多不學無術的人講話粗俗，喜歡亂開黃腔，經常把場面搞得尷尬不已，卻自以爲是幽默大師。

黃色笑話或許會讓人覺得很有趣，但是講錯了場合，搞錯了對象，就不是一件那麼有趣的事了。

滿腦子黃色思想的人，你可以說他不隨俗流，也可以說他敢做敢言，但是在更多人心目中，那卻是荒淫污穢，面目可憎。

記住，說笑話的目的是在娛樂別人，而非娛樂自己。

講話要講得恰到好處，開玩笑要開得點到為止。最高明的幽默，是要令人會心一笑，而不是像個傻瓜似的讓別人對自己捧腹大笑。

輯 11.

站在對方的立場來說服對方

如果從一開始就強調自己的立場，
彼此間的鴻溝就會越來越深，
當對方有了對抗的心理狀態時，
你是絕對無法說服他的。

衷心的恭維才能贏得人心

言不由衷只會讓人覺得你是在惡意嘲諷。成功的恭維話應該讓人覺得你是真心誠意地在稱讚他，對方自然樂意收下你的恭維。

說恭維的話語必須注意場合、交談對象及恭維的內容。身為一個領導者，最忌諱的是說話時口若懸河、漫無邊際，自以為口才很好、能說善道，卻讓聽話的人一頭霧水、毫無頭緒。

領導者要說恭維的話語，必須注意的第一要則是要有真誠的內涵，所謂的「肺腑之言」就是這個意思，要讓對方覺得這話說得有道理，這樣的恭維才算成功，也才能達到情感交流的目的。

成功學大師戴爾・卡耐基對於恭維的力量有相當深刻的體會，那是年輕時他離開戲團去當二流推銷員的經驗。卡耐基當時的情況很糟糕，不工作隨時都可能餓死，在這種情況下不得不到克爾德貨車專櫃當推銷員。

那時，卡耐基對自己所作的工作毫無興趣，更說不上專業熟練，因而每次顧客光臨時，卡耐基就立即向對方推銷，但對貨車卻避而不談。因此，他被認為是個瘋子，大家都嘲笑說老闆腦袋有問題才僱用了他。

老闆對此深為不滿，對卡耐基吼道：「戴爾，你以為你是在演說嗎？你明天如果還這樣，你就不用再來上班了。」

卡耐基對此也非常擔心，因為若失去這份工作，他就會成為路邊的乞丐了，所以他對老闆說：「老闆，為了能有口飯吃，我會盡力而為的，況且，你看明天將是個好天氣，你的生意一定會很好的。」

卡耐基這番話讓老闆聽得很舒服，也就未再對他發脾氣，並放棄了開除他的念頭，卡耐基也因而認識到恭維的價值和好處。

不過，恭維對方要不落俗套，最好的方法是就地取材，恰當地說出心中感謝與讚美的話，而且要有特色。

例如，當你到朋友家去作客時，主人若是對種花很有興趣，你可以稱讚他的花開得很美；假如主人養了貓、狗等寵物，你可以讚美牠們乖巧、聽話。像這種恭維就很切題，比那些落入俗套的恭維有用多了。

恭維人切忌言不由衷，更不可以恭維人的短處，這只會讓被恭維者覺得你是在惡意嘲諷、挖苦他，反而會讓彼此的關係變得更差。

總之，成功的恭維話應該讓被恭維者覺得你是真心誠意地在稱讚他，如此對方自然會樂意地收下你的恭維，對促進人際關係也才有幫助。

用幽默的方法，說出你的真心話

俄國作家萊蒙托夫說說：「供給人們的甜食已經過多了，因此我們需要苦口的藥和逆耳的忠言。」

站在對方的立場來說服對方

如果從一開始就強調自己的立場，彼此間的鴻溝就會越來越深，當對方有了對抗的心理狀態時，你是絕對無法說服他的。

莎士比亞在《亨利四世》中曾經寫道：「即使理由多得像烏莓子一樣，我也不願在別人強迫下給他一個理由。」

強迫，絕對不是最好、最有效的溝通方式，而且極可能衍生負面的結果，最後與自己的期待背道而馳。

因爲，就像你可以把馬牽到河邊，但是無法強迫牠喝水一樣，人其實很難透過強迫性的舉動，說服別人贊成自己的觀點，或是要求別人按照自己的主觀意志，去做他們百般抗拒的事情。

處在錯綜複雜的人際關係中，並不是每個人都有左右逢源的能力。要讓別人喜歡並且相信你，以便順利推動事務，除了先肯定自我之外，還應當探究人的潛在心理，然後發揮舌頭的功力，爭取對方認同。

須知，運用心理學的技巧，會使你深得人際交往的奧妙，而不會被一些表面現象所迷惑，並且能在自己和他人之間，架起一座心靈的橋樑。

美國第十六任總統林肯，曾經以一句「爲人民而創造的政治」之名言，掌握了民衆的心，而爲民衆所擁戴。

林肯總統在面對需要說明的場面時都會說：「我在開始議論時，就會將彼此意見的共同點尋找出來。」

林肯在有名的奴隸解放演說中，最初三十分鐘，只敘述一些持反對態度者所贊同的意見，然後再將反對者，按自己的目標逐漸地拉到自己這邊來。

林肯的說服方法，如果從潛在心理學來看，有兩個要點。

第一就是人往往在被別人壓抑住其自身的意見時，自己才發現眞實的一

面，而反過來完全地信賴對方。

第二就是「自我發現」時，在主觀上仍非常相信就是自己的意思，而事實上，這往往是被說明者誘導出來的結果。

林肯運用這個技巧的秘訣，就是在演講的前三十分鐘，先巧妙地軟化敵方。也就是在開始時先強調敵我之間的共同點，引導對方，使他們一步步接受自己的觀點。

如果從一開始就強調自己的立場，彼此間的鴻溝就會越來越深，而演變成「如果你有那種想法，那我只好和你拼了」的局面。當對方有了這種對抗的心理狀態時，你是絕對無法說服他的。

因此，如果在交涉的場合有五項待解決的事情，而你在剛開始時，就能把五項中最困難的問題提出來，也不失爲是一種好的做法，因爲最困難的問題都能解決，其他的當然不會有什麼問題。

但是，對方必定也很在意大問題，所以也有可能從一開始交涉，就因決裂

而使事態惡化。

所以，在這種情況下，一個能幹的交涉者，往往在開始時以比較簡單的問題作為議題。而且在討論這個議題時，他會這麼說：「事實上也沒有任何別的問題，至少對於這個條件，我們的意見是一致的，下一個事項同這個事項也沒有多大的差別……」

如果五個問題中能用這種方法使對方贊成三個的話，那麼這個會議就差不多可以結束了，即使到了後面要討論最大、最困難的問題，只要採取這種方式，十有八九是都會成功的。

用幽默的方法，說出你的真心話

J．凱利說：「那些喜歡到處和人打架的狗，通常會跛著腳回家。」

讚美不是阿諛諂媚

有些人不肯讚美別人，第一是誤認為讚美就是諂媚，有損自己的人格；第二是自視清高，覺得一般人都比不上自己。

大部分的人一方面希望別人能夠客觀地瞭解自己，一方面打從心底裡渴望別人對自己多加肯定。因此，當我們正確無誤地誇獎別人引以爲傲的優點時，對方可能會覺得十分窩心。

在某些時間、某種場合，發揮舌頭的妙用，發自內心地對他人說出禮貌性的讚美，只要不是那種誇大其詞的胡亂吹捧，對彼此之間的心靈溝通和增進友誼，是大有好處的。

有些生性內向的人可能會認爲，讚美別人的話實在令人羞於啓齒，因而產生排斥抗拒的心理。其實不然，讚美不是一味瞎吹亂捧，並不是委屈自己去阿諛諂媚，而是發覺對方的優點長處時加以肯定。

每個人都有自己的長處和短處。我們不應該一味地盯著別人的短處看，而忽略別人獨特的長處，而應該以「金無足赤，人無完人」的觀點，原諒他人的短處，看重他人的長處。

我們當衆讚美某人，並不是要欺騙大家，只是要大家注意他的長處，也讓他因爲受到大衆的注意而格外珍惜自己的長才，繼續朝這方面努力。

可見，讚美絕不是有求於人的低下行爲。

讚美有好幾種方法，第一種方法是「貶低自己」。

適時地貶低自己，即能相對地捧高對方。這種方法，即使是不擅言辭或不擅讚美的人，也能輕而易舉地使用。

技巧性地批評自己略遜對方一籌，可以讓別人在心理上產生平衡感，充滿自信心，對方聽了之後，心中的舒坦自然不言可喻。有時候，你不妨試試這種「貶低自己」的方法，達到激勵別人的目的。

讚美的第二種方法是「當面誇獎」。

讚美和討好原本就很難界定，中間存有模糊地帶，一般而言，讚美是正面的誇獎，討好則是具有目的性的阿諛奉承，屬於一種較卑劣的手段。

「你的身體看起來眞棒，請告訴我你是如何鍛鍊的，行嗎？」

「你的銷售任務總是完成得那麼好，有訣竅嗎？」

我們都清楚，表揚也是讚美的一種方式，通常是上級對下級的一種激勵手段，而誇獎是不分階級的。

當然，誇獎是有技巧的，要切記不要隨便見人就誇獎，更不要輕易討好與你有芥蒂的人，否則，他會認爲你別有用心，反而使內心的成見加深。

總之，誇獎別人的時候必須言語坦誠，否則，只會讓人感覺到你是無事不登三寶殿，從而心生警戒。

朋友之間聯繫感情，原不是一件容易的事，用讚美的方式來聯絡感情，是最簡單、最有效的方法。

有些人打從心裡就不肯讚美別人，第一是誤認爲讚美就是諂媚，有損自己的人格；第二是自視清高，覺得一般人都比不上自己；第三是害怕別人勝過自己，使自己相形見絀。

其實，爲人處世大可不必抱有這種負面心理，爲了與談話對象相處得更融洽，你不妨研究一些如何讚美別人的方法，只要你的讚美是出自眞誠的，必然可以領略到其中的好處。

用幽默的方法，說出你的真心話

英國思想家培根說：「用適當的話和別人進行交涉，遠比言詞優美、條理井然更為重要。」

如何讓恭維恰到好處

人不管男女，不論地位高低，對於加諸自己身上的稱譽都是歡迎的。因為，稱譽能帶來成就感和自信心。

德國詩人兼思想家歌德認為，每個人都有潛在的虛榮心理，只是表現虛榮心的方式與程度略有不同而已。

他曾在日記裡寫道：「我們對自己的形象和人品所懷的急切之心，時時刻刻表露出來。我們愛出鋒頭，常常炫耀自己的才能或是其他引以為傲的事物，希望別人能夠特別注意自己。」

幾乎每一個人都有偏愛某種虛榮的心理，當你搔到癢處，大加頌揚時，當然會使他們產生極大的興致。

開啟人們心靈的鑰匙，就是設法找出別人偏愛的虛榮所在。

恰當的讚美和恭維，是人際交流中一種很有效的方法，可以用來抬高別人的自尊心，贏得別人的好感和協助，拉近彼此的心理距離。

美國總統羅斯福就是善於使用這種方法的典型人物，他對任何人都能恰當地加以讚譽，因此在從政過程中化解了不少阻力，獲得了許多助益。

林肯也是一個善於使用讚譽方法的人。找出別人引以為傲的事情和引起對方興趣的話題，一直是林肯的日常工作。

林肯總統就曾經說過這麼一句名言：「一滴甜蜜糖所能捕獲到的蟲子，要比一斤苦膽汁多得多。」

其實，人不管男女，不論地位高低，對於加諸自己身上的稱譽都是歡迎的。因為，稱譽能帶來成就感和自信心。

當然，有時胡吹亂捧的恭維也會引起反感，這是因為沒有掌握恭維技巧的

緣故。要使自己對別人的恭維達到效果，必須牢記對方的性格特點。

有的人虛榮心極強，無論在什麼場合，都巴不得別人對他百般恭維，而且一聽到恭維的話語便得意忘形。

但是，有的人只喜歡在個別事情上聽到恭維。

有的人喜歡聽到別人恭維他的特殊才藝，有的人喜歡聽到別人讚譽他熱心公益，有的人喜歡聽別人稱讚他的演說技巧，而有某一部分的人，則特別喜歡聽到別人誇獎他的商業才華。

爲什麼會這樣大異其趣呢？

因爲，這是他們所偏愛的虛榮不同。

英國著名的外交官吉斯斐爾勳爵曾說：「各人有各人優越的方面，至少也有他們自以為優越的方面。在自認優越的方面，他們能夠承受得住別人公正的批評，但在那些還沒有自信的方面，他們尤其喜歡別人的恭維。」

這段話告訴我們，所謂開啓人們心靈的鑰匙，就是設法找出別人偏愛的虛榮所在。

想要快速發現一個人的弱點，其實只要觀察他最喜歡的話題。因爲，語言是「心靈之音」，一個人講得最多的事物，一定是他心中最渴望的。如果你能明白了這一點，適時地在這些方面恭維對方，那麼你便搔著了他的癢處。

吉斯斐爾勳爵還舉女性爲例告訴我們：「儀容嫵媚是任何女人偏愛的虛榮，並且是常想受人讚美的重點。但是，那種具有無可懷疑和不容比擬的絕色女子，對於自己的儀容的媚已有絕對的自信，那麼你就要避免稱頌這一點，必須去稱頌她們的智力。如果她的智力恰巧不如別人，那麼，你的稱讚一定會使她現出滿面春風。」

用幽默的方法，說出你的真心話

英國作家約翰遜說：「沉默會繁衍滋長，談話中斷得越久，就越難找到適當的話來說下去。」

你的話為何「有點冷」？

容易引起冷場的原因是，個人吸引力不強，或存有溝通上的心理障礙，或心情影響情感交流，或情境使人產生壓抑感，或沈默氣氛感染旁人……等等。

在交談過程中，由於話不投機或不善表達，常常出現冷場的情況。

冷場無論對於交談、聚會、聊天、談判，都是令人窘迫的局面，在人際關係中，無疑是一種「冰塊」。

打破冷場的技巧，就是轉移注意力，轉換話題。

冷場一般出現在雙方對談話缺乏內涵，或對議題不感興趣。

在交際活動中，如果當事人一時沒有交談的慾望，那麼，會話在這個時候就成了多餘，冷場便不可避免。

另外，還有一些容易引起冷場的原因，例如，個人吸引力不強，或存有溝通上的心理障礙，或心情影響情感交流，或情境使人產生壓抑感，或沈默氣氛感染旁人……等等。

有人分析，認爲以下十種情況時，最容易「話不投機」而出現冷場：

- 彼此不大相識；
- 年齡、職業、身份、地位差異大；
- 心境差異大；
- 興趣、愛好差異大；
- 性格、素質有異；
- 平時意見不合、感情不合；
- 互相之間有利害衝突；
- 異性相處，尤其在單獨相處時；
- 因長期不交往而比較疏遠；
- 交談雙方均為性格內向者。

冷場是交談即將失敗的徵兆，所以，談話雙方對可能出現的冷場，要有一定的預見，並採取措施加以補救。

譬如，舉行座談會時，可精心挑選出席的人士，既要考慮與會者的代表性，也要考慮與會者的可能發言率，以免坐而不談。

有時，甚至可以先排定座次，儘量不要讓最可能出現冷場的幾種人坐在一起，使說話少一點拘束。同時，還要將健談者與寡言者適當地互相搭配，這樣就可以避免出現冷場。

用幽默的方法，說出你的真心話

比爾斯說：「談話是一種展銷思想小商品的交易，每個人都過度關心自己陳列的貨物，而不去留意別人的。」

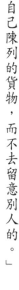

如何讓別人打開話匣子？

關心、體諒、坦率、熱情，是打破冷場最有力的「武器」，以這樣的態度去努力，「堅冰」也可以融化，僵局當然不難打破。

在互動頻繁且情勢變化快速的現代社會，人際關係就像一把雙面刃，必須學會說話做事的各項技巧，確實運用於每個需要溝通的場合。懂得語言藝術的人，知道巧妙引導別人接受自己的想法，順利達成目的。相反的，不懂得語言藝術，就只能眼睜睜看著自己陷入人際困境，寸步難行。

激勵大師戴爾．卡耐基曾經這麼說：「打動人心最高明的方法，就是跟他談論他覺得最珍貴的事物。」

的確如此，當交談的對象拙於言詞，或是表現得冷漠之時，只要你能改變方向，選擇對方最感興趣的議題，便能開啓他的心扉，彼此的交談就會變得熱絡，交情也就會從此開始。

避免交談時出現冷場，是談話雙方共同追求的目標，但是，萬一出現冷場，還是要有些準備。

作爲主人、會議主持者，或是會話的一方，你可以用下面的做法打破冷場：

- 立刻向對方介紹一個人、一件事或一樣東西，轉移他們的注意力，激發他們重新開口的興致。
- 提出一個大家可能感興趣的話題，或可能參與發表意見、看法的話題。
- 開個玩笑，活絡一下現場氣氛，再巧妙地轉入正題。
- 用聊天的方式，和一兩個人談談家常，聊聊彼此的情況，設法引出眾人關注的話題。
- 故意挑起一場有益的爭論。
- 就地取材，對環境、陳設等發表看法，引起議論。

談話的話題是否有趣、有益，和冷場的出現有很大的關係。「曲高和寡」會導致冷場，「平淡無味」同樣會引起冷場。

主人或主持者如果不希望出現冷場，應該事先做些準備，使自己有點「庫存話題」，以備不時之需。

年齡大的人喜歡回憶往事，可以和他們聊聊歷史的沿革、民情的變遷、風俗的演化……等，由於他們對於掌故了解較為豐富，濃厚的談興往往會油然而生。如果沒有別的話題，那麼不妨向他們詢問一下子孫兒女的近況，一般都能撬開老年人的話匣子。

年輕人性格較為活潑，愛好廣泛，音樂、影視、美容、體育、旅遊、時事……等都可激起他們的談興。

一般而言，和女性談話，可選擇一些家庭趣事，但和男性賓客講相同的內容，必然被視為婆婆媽媽；企業家對於自己的產品興致勃勃，卓有成就的人喜歡暢談自己的奮鬥歷程，事業失敗的人不喜歡提及不走運的往事……

總之，打破冷場的話題，「聚焦點」要準確，「參與值」要高，即話題應是對方關心的焦點，才能引起談興。

必須注意的是，如果話題可能使在場的人窘迫或不安，哪怕可立即活絡氣氛，也不宜作爲打破冷場的話題。譬如，某人最近遭逢喪子之痛，就不要當著他的面大談兒女之事，以免勾起他的傷感。

關心、體諒、坦率、熱情，是打破冷場最有力的「武器」，只要以這樣的態度積極去努力，「堅冰」也可以融化，僵局當然不難打破。

會話遇到冷場，不妨以熱誠的態度，運用上面介紹的技巧，作一次成功的「破冰」嘗試。

用幽默的方法，說出你的真心話

拉羅什富科說：「如果我們不能節制自己的舌頭，又怎麼能期望別人守住他們的舌頭，為我們保守秘密？」

不要在背後批評別人

如果你老是喜歡用自己的尺度去衡量別人,被你指責的人必然會對你抱持戒心或報復之心,誰知道他會在什麼時候從你背後敲一記悶棍?

日本心理學家夏目通利曾說:「人類自我實現的意識很強,因此要有接納他人的雅量,才能建立良好的人際關係。」

在社交場合裡,某些人說話往往會讓你覺得索然無味,進而使你認爲這種人一定個性孤僻陰冷,喜歡背後放冷箭傷人。

也有某些人說話讓你覺得饒舌聒噪,使你認爲,他們總是喜歡捕風捉影,任意批評別人,從某個角度說,簡直就是到處散佈別人壞話的八卦電台。

事實上,除非擁有豐富的觀察經驗,並且有不錯的洞察力,否則,千萬不

要那麼輕易地論斷一個人，因爲人性並不是想像中那麼簡單。

有時候，不經意脫口說出的話傳開後，當事人肯定心存不滿：「你又不瞭解我，憑什麼在我背後亂批評？」

有了這種芥蒂，彼此日後相處自然難以融洽。

假如，你認定對方太沒內涵，不管你是否將這種想方告訴第三者，你的人際關係都會變得狹窄。

當你與朋友聊天的時候，如果談論到某個人，你表現出不屑的模樣加以數落，對方當面可能不表示什麼意見，甚至還會附和地說：「原來他是那樣的人！」但實際上，這種態度會產生不良的影響。

首先，和你談話的人可能會覺得你心胸不夠寬闊，喜歡憑自己的好惡妄下定論，缺乏體貼他人的胸懷。第二，萬一被你指責的人知道後，他心裡也會覺得你是個卑鄙陰險的小人，喜歡在背後說人壞話。

其實，每個人都有優點、缺點，與其揭人之短，倒不如設法找出別人的優點，給予適當的肯定。

如果你老是喜歡用自己的尺度去衡量別人，被你指責的人必然會對你抱持戒心或報復之心，誰知道他會在什麼時候從你背後敲一記悶棍？

因此，當你與別人接觸的時候，如果保持著這種心理，將會使朋友一一遠離，因爲你以偏見看人的做法令人討厭。

心存偏見的人，通常都充滿主觀意識，然後帶上有色眼鏡看待別人。

這種人心裡只容得下自己龐大的影子，無法正確地判斷外界的人事物，視野、胸襟肯定難以開闊。

要讓談話的對象對你保持好感，首先不應該以自己的偏見去評判人和事。

要有雅量傾聽他人說話，並且心平氣和讓別人把話說完，如此一來，你或許會有意想不到的全新見解。我們應該明白，任何人的談話都可能會讓我們得到啓發，瞬間激發出靈感；與朋友溝通過程中，也常會獲得嶄新的觀點，讓困

惑我們已久的問題豁然開朗。

人不是同一個模子印出來的，不能老是以自己的尺度去揣測別人。與人交往時要保持彈性和包容力，如此才能擁有更多的朋友。

反之，如果你一味地以偏見批評別人，別人也會以偏見回敬你，你如何能開拓自己的生活領域呢？

用幽默的方法，說出你的真心話

古羅馬思想家塞內卡說：「如果一方退出，爭吵就會很快停止，沒有雙方參加就不會有戰爭。」

不聽忠告，等於緊勒自己的脖子

用強辯、抗拒的態度對待忠告，只會讓我們失去一些正直的朋友，等於親手緊勒自己的脖子一樣，扼殺了自己的生路。

社會上的人都不是完美的，各有長處，也有各種缺點。

但是，有的人往往因爲未發覺自己的某種缺點，甚至以爲自己的缺點是優點，那麼，就需要聽聽別人的忠告。

藉朋友的忠告來發覺自己不健全或不成熟的地方，並且加以改善，是彌補自己缺點的重要轉機。

因爲，自己看不清楚的缺點，別人往往能很清楚地看到，如果不知虛心改進，你的缺點肯定會成爲拓展人際關係的一大障礙，無法建立良好的人脈。

接受忠告固然痛苦，但有益於自己的心性成長，以及人際關係的拓展。因此，唯有朋友間互相忠告，彼此才能擁有更完美的人生。

不管在什麼情況下，我們都必須虛心接受別人的忠告，至於在接受的態度方面，應該注意以下幾點：

一、不要在乎是誰提出忠告，而要在乎忠告的內容

有的人相當在乎忠告者的資格或人品，常常厭煩地說：「你有什麼資格說這種話？」以致於失去自我反省的機會。

與其拘泥忠告的人是不是有資格勸戒自己，倒不如思考他所說的話值不值得參酌。抱持著「聞過則喜」的心胸，坦然面對自己的缺失，將非常有益於自己成長。

二、坦誠地道歉

對於別人的忠告，有的人一味地抱著拒絕、辯駁的態度，這樣不但顯露自

己心胸狹隘，也會使得誠心勸告自己的朋友逐漸疏遠。發現自己有這種傾向，必須鼓起勇氣為自己的錯誤道歉，假使對方已經心生不悅，最好先設法平息他的怒氣，以後再找機會作解釋。

三、不逃避責任

如果自己犯了錯，卻將責任轉嫁給別人，並且推卸說：「這又不是我的責任！」或「都是××不對，事情才會變成這樣！」將會被認為沒有責任感，這樣的辯白只會被當作諉過之詞。

其實，有些話乍聽之下好像蠻有理由，藉此來掩飾自己的失敗似乎言之成理，但是找理由為自己辯解，其實是缺乏擔當的做法。失敗就是失敗，要勇於承認錯誤，要勇於接受忠告，逃避只會讓自己心中留下疙瘩，欠缺成長所必須經過的磨練。

四、不情緒化，不說硬話

強辯、不肯適時退讓的態度，無法建立好的人際關係，動輒情緒化或撂下硬話，同樣不受人歡迎。

自己做錯事卻死不認錯或不加反省，只會證明自己的愚昧無知。有的人對於別人的勸告感到不屑，刻意保持沈默。

有的人只是在口頭上接受，其實暗中一直抗拒著。

也有人惱羞成怒地反問對方：「你年輕時代也發生過這種事吧？」或「難道你就沒出過錯？」

這些態度都是要不得的。用強辯、抗拒的態度對待忠告，只會讓我們失去一些正直的朋友，等於親手緊勒自己的脖子一樣，扼殺了自己的生路。

用幽默的方法，說出你的真心話

英國作家包斯威爾說：「永遠不要當著別人的面議論他，那樣是粗魯的行為，甚至可能得罪別人。」

從別人感興趣的話題開始談起

人生活在這個世界上，生理、心理上都有各式各樣的需要，應當盡可能從某一方面去滿足對方的需要，同時也盡可能滿足自己的需要。

日本作家桐田尚作曾經寫道：「要建立良好的人際關係，要先多了解每一個人所秉持的主觀信條和所屬環境，如此才能切入他的思想領域，和他進行更密切的溝通和良好的互動。」

平常，我們在與人交談的時候，最好選擇那些容易引起別人興趣的話題，而那些不吸引人的話題最好少談，這樣才能使交談深入下去。

每個人都有自己的情況，諸如地位、素養、身份、職務、興趣、氣質、性格、習慣、經歷……等，都各不相同，因而決定了每個人選擇話題的不同標準

和需要。

比如，老年人喜歡議論過去，年輕人偏重於憧憬未來，男人熱衷競爭、比賽、時事等話題，婦女則對時間、感情、家庭之類的話題感興趣，這些都說明了話題的選擇要根據談話對象而定。

一個話題，只有讓對方感興趣，會話才有繼續進行的可能。如果只是從自己的興趣出發，難免使別人感到索然無味。人生活在這個世界上，生理、心理上都有各式各樣的需要，應當盡可能從某一方面去滿足對方的需要，並以此爲前提，同時也盡可能滿足自己的需要。

美國女記者芭芭拉·華特初遇世界船王兼航空業巨頭歐納西斯時，他正與同行們熱烈討論著貨運價格、航線、新的空運構想等問題，芭芭拉始終插不上一句話。

在共進午餐時，芭芭拉靈機一動，趁大家談論業務中的短暫間隙，趕緊提問：「歐納西斯先生，你不僅在海運和空運方面，甚至在其他工業方面都獲得了偉大成就，這真是令人震驚。你是怎樣開始的？起初的職業是什麼？」

這個話題叩動了奧納西斯的心弦，使他撇開其他人，同芭芭拉侃侃而談，動情地回溯了自己的奮鬥史。

這就是一個好話題的威力，它激發了對方的榮譽感和成就感。

可見，一個話題如果能在某個方面滿足對方的需要，就能促使對方侃侃而談，也同時滿足了談話者的需要。

用幽默的方法，說出你的真心話

麥金利說：「棍棒和石塊會使皮肉痛苦，懷著怨恨的言詞則可以把人蜇傷。」

輯 12.

說話，不要太過情緒化

說話的效果是人際關係的基礎，
說話的效果代表各式各樣的人際關係。
因為人與人之間的遠近親疏
都可以從這些「效果」中呈現出來。

用正面的激勵達成自己的目的

用命令口氣催人辦事往往會令人反感。正面表揚的方式既給足了屬下面子，又增強了他們的信心，這樣自然會把事情做得更好。

想要建立良好的人際關係，成功地使事情朝自己期望的方向發展，就不能不加強自己說話的方式。

有時冷酷而嚴肅地批評屬下往往會適得其反，這時領導者應該用正面激勵法，主動鼓勵他們，這種方式的效果多半比較好。

成功學大師卡耐基本人就有過這樣的經驗。

某年秋天，卡耐基正坐在窗邊看書，突然接到一通電話。

「喂，我找卡耐基先生。」

「我就是。」

「太好了，我想和您討論如何與屬下相處的問題。」

那個人叫羅洛，是一家公司的經理。他與卡耐基很快就約定了見面的時間和地點。到了約定的時間，羅洛比卡耐基更早來到約定的酒店，卡耐基剛走進來，他立即迎了上去，並開門見山地說：「我想請教要怎樣與屬下相處融洽的問題，還有這會有助於我的事業發展嗎？」

「你常嚴肅地對待和指責屬下嗎？」卡耐基問。

「有時，當我氣憤時會這麼做。」

「那你常表揚和正面鼓勵他們嗎？」卡耐基繼續問道。

「很少，即使屬下表現很優秀，我也很少表揚他們。」

卡耐基笑了笑，告訴他任何人都需要表揚與鼓勵，尤其是受到上司或父母鼓勵時更讓人振奮，創造力會提高百分之八十，並建議他多表揚和誇獎屬下，這有利於溝通。

羅洛恍然大悟，握住卡耐基的手不住稱謝。十天後他們第二次見面了，羅洛滿臉興奮地說：「卡耐基先生，您說的建議眞管用。我第二天上班時表揚了我秘書寫的文件，想不到她工作得更努力了。」

由此可見，當你鼓勵屬下後，他們做事會更和諧、更迅速，相反的，用命令口氣催人辦事往往會令人反感，甚至無法把事情辦好。

這是因爲，正面表揚的方式既給足了屬下面子，又增強了他們的信心，這樣自然會把事情做得更好。

用幽默的方法，說出你的真心話

赫伯特曾經說過：「那些只會嚼舌根、談是非的人，就像池塘裡的青蛙一樣，成天喝水而且聒噪不休。」

在背後讚美是最高段的恭維

人很自然地會去懷疑面對面說話的人的誠意，但對於背後聽來的讚美就覺得非常順耳，因為誰也不會懷疑讚美者的真誠。

有時候，當面恭維得太多並沒有什麼益處，反倒是間接的頌揚能發揮強大的功效。

在別人的背後稱讚他，在各種恭維方法中，要算是最悅人，也最有效的了。舉例來說，當你知道某某人在背後說你好話，你會不高興嗎？

這樣的讚揚當面說，或許反而收不到良好的效果，因爲人很自然地會去懷疑面對面說話的人的誠意，但對於背後聽來的讚美就覺得非常順耳，因爲誰也不會懷疑讚美者的眞誠。

如何用恰當的方式恭維別人，是社交活動中必學的課程。羅斯福總統的副官布德，曾經尖銳地批評那些喜歡恭維羅斯福的人為「瘋狂的搖尾者」。

布德十分欽佩羅斯福，但他決心不做「瘋狂的搖尾者」，可是沒有幾個人，能像他那樣深得羅斯福賞識。

實際上，偉大的人物並不喜歡整天被人恭維和讚美，尤其是羅斯福，他看不起那些滿嘴只會說恭維話的人，他更歡迎批評他的朋友。布德就是深知羅斯福的這種心理，採取逆向操作，而達到自己恭維的目的。

從羅斯福的例子，我們可以得知，間接的頌揚能發揮強大的功效。

吉斯斐爾勳爵說：「這種馭人術，是一種最高段的技巧。在人的背後稱頌人，那聽的人因為想獻殷勤，會自動地把你的話傳述給你所讚頌的人，甚至會再加油添醋一番；在各種恭維方法中，這種方法要算是最悅人，也最有效的了。」

還有一種間接的恭維方式，是借別人的話來達到自己恭維人的目的。譬如，倘若某君自認爲對收藏方面頗有鑑賞力，你可以當著他的面說：「某某人曾談起，你對收藏方面的鑑賞力實在無人可及。」

他聽了這番話後，肯定會覺得高興。

這個方式，不外乎使你想要恭維的人，自以爲是別人在頌揚他那優秀的能力，而實際上是你當著他的面，把自己的恭維變成爲別人的頌揚。

用幽默的方法，說出你的真心話

莎士比亞說：「要是你說了一堆自己難以遵守的誓言，就必須知道如何一邊背叛誓言，一邊把自己的信譽保全。」

如何用妙語讓自己脫離窘境

你必須頭腦冷靜地控制自己的情緒，運用語言的藝術，尤其是以急中生智的幽默感去對付尷尬。運用得當，能收到直言難以達到的效果。

我們在日常的社交活動中，總難免遇到一些令人難堪的窘境和難以回答的問題。這時候該如何說話最恰當？

大原則應該是明辨事理，說話得體；該直言則直言，該含糊就含糊，該超脫就超脫。

總之，從實際出發，視情況而定。

但是，有一點要特別注意：當有人故意給你難堪並使你的感情受到傷害，你可不要只顧著氣憤，更不要大發雷霆去硬碰硬，那樣只會使矛盾激化，鬧得兩敗俱傷。

當然，你也不可只張口結舌滿臉羞紅，使對方覺得你軟弱可欺，那樣他可能會變本加厲地嘲弄你。

你必須頭腦冷靜地控制自己的情緒，運用語言的力量和說話的藝術，尤其是以急中生智的幽默感去對付。

有時候，對方並非惡意，有時候是無心之過。不論如何，你應該牢記的是，無論遇到哪種情況，大原則是恰當得體。

我們與人交談時應該注意，答話時千萬別含糊，否則容易產生誤會，萬一你無法自圓其說，必定陷入窘境，任何說話技巧都無濟於事。

所以，說話的時候，一定要把握主旨和邏輯，要恰到好處，以免言談有失，授人把柄，甚至作繭自縛。

這是避免錯誤，擺脫窘境的根本方法。

假如朋友或同事在公開場合責備你，而情況與事實又有出入，這肯定使你難堪。這時，你該怎麼辦呢？

你應該心平氣和地直言：「我們是否私下談談？我想請你調查清楚了再說話。不然，我以後很難和你相處。」

倘若親友無緣無故責備你，你也應該明確地跟他說：「你讓我十分難堪，請你告訴我這是爲什麼？我哪裡得罪你了？」

當然，假使是你自己做錯了事，哪怕是無意的，也要誠懇道歉。這就是明辨事理，直言不諱，這才是擺脫窘境的方法。

用幽默的方法，說出你的真心話

德國思想家歌德說：「只要知道自己會多麼經常誤解別人，誰也不會在社交中多說話。」

多傾聽下屬心裡在想什麼？

領導者的觀察入微是與下屬們進行溝通的好辦法。因為，一般而言，當下屬的心情起變化時，他會不自覺地透過表情動作表現出來。

多聽少說、多鼓勵少批評，多以身作則少高談闊論，是領導者與下屬建立和詢關係的重要方法。

領導者擁有一副伶牙俐齒，當然是好事，因爲好的口才是一個優秀領導者的必備素質之一。但是，領導者也一定要記住，凡事過猶不及，不能仗著自己口才好，就整天喋喋不休，對下屬進行疲勞轟炸。

當領導者與下屬互動時，一定要管住自己的嘴巴，豎起自己的耳朵認眞傾聽，才是上策。事實上，多聽少說，好處非常之多，不僅可給人留下穩重內斂

的印象，而且可以藉機充分瞭解下情和下屬的心理，還可以使下屬覺得你是一個可以信賴和傾訴的人，可謂一石三鳥。

但是，聆聽下屬傾訴，也是一門藝術，不能只是翹起二郎腿，一言不發，毫無表情，必須掌握四個重點：

一、要充分關注對方的狀態，對別人所講的話偶爾可以詢問一兩句，表示你對他的話感興趣。

二、要看著對方，不要渾身搖擺不定，眼睛東張西望，或發出各種響聲。除非對方嘮嘮叨叨了，已經耽擱了你許多寶貴工作時間。

三、不要輕易去下結論，無論他所說的是正面的意見還是負面的牢騷，你都不要去爭辯和反駁。

四、努力從對方的言辭中瞭解他真正的心態，既要用耳朵去聽，也要用心去聽，因為有些下屬並不會把他的意思全部明白地表露出來。

再者，領導者要善於對下屬察言觀色。

通常是下屬們對領導者察言觀色，但聰明的領導者往往會反其道而行之，以此來決定自己要採取什麼步驟。

譬如，領導者正在批評一個下屬，一旦發現下屬的臉色呈現出承受不了的表情時，就應趕緊打住對他的批評，換一個角度或改變語氣來對他進行教育，和他聊聊生活瑣事，或跟他談一些他感興趣的話題。

領導者的觀察入微是與下屬們進行溝通的好辦法。因爲，一般而言，當下屬的心情起變化時，他會不自覺地透過表情動作表現出來，如臉部、手腳及眼神的一些小動作，及聲音的大小和語氣……等。領導者往往可以透過這些細微的變化，看出下屬們心中的所想所思。

此外，領導者要善於掌握下屬們的心理狀態。

以「反敗爲勝」聞名的美國克萊斯勒汽車公司總裁艾科卡就是一個善於利用心理學進行溝通的人。

譬如，他主張，當下屬們興高采烈的時候，就要讓他們多做點事；而他們心灰意冷之時，則不要使他們太難堪。

在下屬們取得了成績的時候，經理人員要及時地肯定和表揚。相反的，當下屬因失敗而悶悶不樂時，經理人員千萬不要落井下石，否則，會嚴重損害領導者在下屬心目中的形象。

艾科卡還說過一句有名的話：「要讚揚某人，用白紙黑字，要訓斥某人，就在私下裡說說或打個電話。」

正因爲艾科卡如此地注意下屬們的心理，所以他才贏得了下屬們的支持，樂意聽從他的領導。

用幽默的方法，說出你的真心話

西班牙作家格拉西安說：「如果獨自對自己說話是愚蠢的，那麼在別人面前只聽自己說話，就是雙倍的不智了。」

不要曝露自己的秘密武器

一個人如果過於直白，實際是自我曝露，是把自己的一切翻出來給你的對手看，使你的對手在未來的爭鬥中一槍便打準你的要害。

在這個注重自我行銷的商業社會裡，說話已經成爲一門不得不學的藝術，因爲，增強說話能力，更容易達成自己的目的。

懂得站在對方的角度，把話說得恰到好處，就能左右逢源。相反的，要是既不關心說話對象，又不懂說話的藝術，便註定處處屈居下風。

培養自己的說話能力，其實就從小技巧的訓練開始，只要願意開始，你就可以讓自己的言談技巧發揮力量。

《孫子兵法》上說：「不知彼不知己，百戰百殆；知己而不知彼，一戰一殆；知彼知己，百戰不殆。」

毫無疑問，這個原則對作戰的雙方來說都適用。對自己和對方的情況一無所知，肯定沒有取勝的可能；只瞭解自己的情況而不瞭解對手的情況，那麼勝負的機率爲五十％；對雙方的情況瞭如指掌，那才有取得勝利的把握，才能百戰不殆。

一個人如果過於直白，實際是自我曝露，是把自己的一切翻出來給你的對手看，使你的對手在未來的爭鬥中一槍便打準你的要害。

如果說話含蓄一點，模糊一些，那麼對手就莫測高深，不知道你的所思所想，不知道你的秘密武器，更不知道你的要害所在。

概括地說，「逢人只說三分話」至少有以下幾點好處：

1. 使對手無法知道你的真實想法；

2. 使對方在對你的攻擊中無從下手；

3.迫使對方只能處於守勢；使你的出擊居於主動。

以上所講的只是謹防禍從口出，這與「縱是實話也虛說」在道理上是一樣的，只不過「縱是實話也虛說」相對地講具有某種攻擊性的意味。因爲它不單單是自己不要曝露自己，而且要更進一層，要用「實話虛說」給對方製造混亂，向對方施放煙霧彈，從而達到使對方不知所措，從而迷失的目的。

如果用《孫子兵法》上的說法叫做「亂兵引勝」，就是使對方發生混亂，以致將已經到手的勝利也丟失得無影無蹤。

逢人只講三分話是守，實話虛說則傾向於攻。

只有攻守兼備才是制勝的唯一途徑。

用幽默的方法，說出你的真心話

英國作家包斯威爾說：「談話的時候總是為了炫耀自己的人，永遠不可能討人喜歡。」

從說話態度推測一個人的性格

說話抑揚頓挫變化激烈的人，通常有卓越的說服力，給人善於言詞表達的感覺，但這也是自我表現慾望強烈的證據。

有些交際技術技高超的人，往往能藉著閒聊的機會，來讓對方做出某些有利於自己的重大決定。譬如，他們想要引誘對方參與自己的計劃，又不能讓對方事先知曉，如何才能使對方逐步順著自己的意思呢？

他們所採用的方法是，在漫不經心的閒談中摻雜一些對方相當感興趣的話題，這樣一來，不知情的對方就陷入這巧妙的心理戰術之中，繼而道出自己也有類似的想法，最後決定共同完成這項計劃。

美國心理學泰斗威廉．詹姆斯曾經提醒世人說：「一個人所讀的書，所交的朋友，嘴裡所說的話語，乃至說話方式，都是他內在性格的表露痕跡，其中又以說話方式最值得我們觀察注意。」

一個人說話的聲調和速度非常重要，可以從中觀察出他的心理狀況。

要是對方說話的速度放慢，表示他對你有所不滿。相反的，說話速度加快，則是他在人前抱有自卑感或者話中有詐的證據。突然快速地急辯也是同樣的心理。

例如，罪犯在說謊時，根本聽不進旁人在說什麼，只會滔滔不絕地爲自己辯護，因爲，他們有不欲人知的秘密藏在心裡。

有的人說著說著，會突然提高了音調叫道：「連這個都不懂！這個連小學生都會的你也不懂！」

像這樣惡形惡狀的咆哮，是期望別人服從自己；相反的，假如音調突然變得低聲下氣的話，則是自卑感作祟，或膽怯、說謊的表現。

說話抑揚頓挫變化激烈的人，通常有卓越的說服力，給人善於言詞表達的感覺，但這也是自我表現慾望強烈的證據。

說話小聲、言詞閃爍的人具有共通的特點，如果不是對自己沒有自信，就是屬於女性性格，和低聲下氣的說話類型心理相似。

有的人喜歡在同一個話題繞個沒完、扯個不停，就算你想阻止他繼續說下去，甚至明白地表示：「我已經了解你要說的意思了！」他卻絲毫沒有停下來的樣子。

這種說話的方式，是害怕對方反駁的證據。

有的人只會隨便附和幫腔，例如：「你說的沒錯！」「說得是！」……等等，這種人根本不理解別人在說些什麼，同時對談話的內容也一竅不通。如果你在說話時，有人在一旁當應聲蟲，你必須明白這一點才行。要是你誤以爲對方了解你的談話，那你就變成丑角了。

其實，每個人說話都有一定的特性和習慣，某些常用的詞語與字眼，往往反映出說話者的眞實性格。

在談話中常使用「我」的人，是自我表現慾相當強烈的人。

在對話中，大量摻雜外文的人，可能在知識方面相當廣泛，但也有可能是一知半解，只是藉此遮飾自己的才疏學淺。

也有人喜歡用「我認爲」、「我想」……之類的口氣，這種人看似愼重，其實也有可能是膽怯的象徵。

這種人個性陰晴不定，對別人的警戒、防衛心理也相當強烈。初見之下，似乎和藹可親，但是當你放心地與他親近時，他又會擺出一副冷若冰霜、瞧不起人的姿態，所以和這種人相處需要相當謹愼。

除此以外，一見到女人就刻意表現出溫柔親切的態度，或有意無意說出性方面用語的人也不少。

在女性面前，突然以謹愼恭敬的口氣說話的男人，都屬於雙重性格的人，

這種人通常在職業上被壓抑，例如學者、醫生、律師、政客……等腦力勞動者居多。

至於說話中從不涉及性方面用語的人，並不表示他們特別純潔高尚，這種人往往是繃著面孔的假道學，與這種人交往，更應特別小心。

用幽默的方法，說出你的真心話

哈茲里特說：「當我們對別人表現出極大的蔑視時，那正說明了我們與對方其實相去不遠。」

說話，不要太過情緒化

說話的效果是人際關係的基礎，說話的效果代表各式各樣的人際關係。因為人與人之間的遠近親疏都可以從這些「效果」中呈現出來。

一般來說，當你碰到自己喜歡的人向你提到：「有件事情想請你幫忙，但是……」你肯定會先表態，搶著說：「我替你辦！究竟是什麼事情呢？」然後，再了解事情的內容。

但是，如果是你很討厭的人要請你幫忙，你的回答肯定就不一樣了，你可能會答道：「究竟是什麼事？我手頭上還有許多重要的事要辦，恐怕……」一開始就擺出拒絕的態度。

這個例子說明，即使是相同的一件事，由喜愛的人提出或是由討厭的人提出，接受的方式必然完全不同。

如果是喜愛的人，就算再忙也會勉爲其難答應，反之，接受的程度就會大打折扣。

譬如，有人多次在你面前提到H先生總在背後說你壞話，如果你對H先生的印象很不錯，你也許就會回答說：「不會的，他那個人我了解，他不會背後說人的壞話。」或者至多問一句：「眞的嗎？」

如果H先生是一個你很討厭的人，你的反應就截然不同了。

你肯定會答道：「哼，果然是他在背後說我壞話！」或者說：「我早就料到了，他就是這麼討厭的小人。」

其實，不管多麼冷靜理性的人，要完全戰勝自己的情緒，來接受別人的話，都是一件困難的事情。

說話的效果是人際關係的基礎，換句話說，說話的效果代表各式各樣的人

際關係。因爲人與人之間的遠近親疏都可以從這些「效果」中呈現出來。

我們提出的事情能被欣然接受，無疑是件值得高興的事，因爲，很多時候我們所說的話會遭到惡意扭曲，或者一開始就被拒絕，令自己尷尬不已。想要避免這些難堪的局面，平常就要預先建立好人際關係。

當然，萬一達不到，或是在講話途中有一點小誤會，除非你想惹人討厭，否則，最好先戰勝自己的情緒再開口。

用幽默的方法，說出你的真心話

英國作家斯威夫特說：「在交談當中，有的人用些陳腔濫調折磨著每一個賓客，不讓自己的舌頭休息片刻，卻自以為是學識淵博。」

別人為什麼把你的話當成耳邊風？

說話時，自己要常先在心裡自問：「這樣說可以嗎？」，否則，對方可能會「有聽沒有懂」，甚至把你的話當耳邊風。

英國作家哈代曾說：「有些人就像行星一樣，行動的時候，總是會把周圍的氣氛帶動起來。」

在現實生活中，有的人不管走到哪裡，都處處受人歡迎，做起事來左右逢源。有的人卻寸步難行，即使在家庭、學校或工作場合，做事也處處碰壁，幾乎沒人願意和他進行良性互動。

造成兩者之間的差別，原因就在於是否懂得拿捏說話的方式和分寸。只有懂得如何說話辦事的人，才可能吸納周遭的能量供自己使用。

透過打招呼與自我介紹，我們可以抓住人際關係的契機，善用日常會話則更能促進彼此之間的交情。

日常會話的目標並非討論深奧的議題內容，或解決難纏的問題，主要是在放鬆心情，享受對話的樂趣，謀求彼此心靈的交流。

透過會話還能滿足一些需求，諸如轉換氣氛或表現自我。

因此，爲了加深人際關係，或增強辦事效率，磨練自己的會話能力是非常重要的。需要注意的事項如下：

明白會話中的真正意思——也就是會話中一起交談的事情。

因爲會話並非僅由特定的人唱獨角戲，而是與對方交換的共同行爲。

會話具有回應的特性——不管提到什麼事，有的人都會不耐煩地回答「哦」、「不」等無精打彩的話，這將無法使會話熱鬧起來。

造成這種情況的主要原因，多半是沒有回應的話題，或者有一方意興闌

珊，無意參與該會話。

其實，只要有豐富的談話題材，會話就不會冷場。因爲，人類具有自我表現的本能和需求，一旦有說話的機會時，就會自發性地想說話。

如果一來一往不斷地進行，會話的過程就會起勁，參加者的心靈交流就更加活潑。

對於充實話題方面，先決條件是當接觸事物時，不要失去新鮮感，要維持精神的年輕。如果未受感動，將是精神的老化現象。

不要陷入自以為是的話題——很多人像雜學博士一樣萬事通，並認爲那才是會話高手的條件，實際上這是一種誤解。

雖然會話是一件相當重要的事情，但如果盡談些對方不感興趣的話題，等於一個人自說自聽一樣。

會話起勁的重點是，以說話者與聆聽者共通的話題交談。倘使有人將會話流於說教，當然使人厭煩。

留意不違反規則——不要在別人說話的時候潑冷水，或在話中找碴，以及獨佔講話的時間……等，這些都違反會話的基本原則，如果一再違反這些原則，別人將會對你「敬而遠之」。

說話時，自己要常先在心裡自問：「這樣說可以嗎？」否則，對方可能會「有聽沒有懂」，甚至把你的話當耳邊風。

就算是平常的聊天，如果你所說的話不經大腦，無法使對方明白自己究竟在說什麼，也容易在不知不覺之間使聽講的對方藉機遁逃，最後就會變成自己一人唱獨角戲的局面。

用幽默的方法，說出你的真心話

薩笛說：「口中的舌頭是什麼？它是智慧寶箱的鑰匙，只要不打開，誰都不知道裡面裝的是珠寶還是雜貨。」

用舌頭塑造自己的形象

你可以透過外在的語言去欺瞞、誤導對方，也可以透過行為塑造出自己想要的形象！這形象既可以是真象，也可以是假象。

心理學家都認爲，人與人交談過程中，無論是談論商務還是談情說愛，四目交投的最主要目的，在於探索、揣測對方的反應。

通常，我們只能根據和談話對象不經意流露的眼神和細微的行爲反應，來判斷對方的心理狀態。觀察對方的肢體動作和所說的言語，揣摩對方的想法，洽談生意的人可以選擇最適當的時機，提出對自己有利的條件，談情說愛的人也可以順水推舟，藉機讓彼此的關係更加親密。

但有趣的是，不管對方的眼神流轉或肢體語言是否表現出「鼓勵作用」，

其實，我們看到的只是對方的外在表情，無法確切知道對方的心裡究竟打什麼如意算盤。也就是說，和別人「交手過招」，你只能明確知道自己在想什麼，至於對方，只能憑一些細微表情去判斷他的意向。

儘管我們可以「假設」對方的表情已眞實反映了他的內心世界，也可以認爲自己的「假設」非常正確，可是，事實往往會與自己所虛擬的情境有所出入。現代禪學大師南懷瑾就曾說過：「人心與學術一樣，都是詭怪得難以理喻，古今中外均是如此。」

譬如，當你慷慨激昂地發表演說，或是與朋友侃侃而談時，別人或許可以從你的言談和肢體語言，隱約猜測出你的心理狀態，但是，絕對無法全盤了解你縱橫交錯的心思，只有你才能確切知道自己心裡正在想什麼，至於旁人只是根據你的言談和表情加以揣摩。

對旁觀者來說，「你」這個人完全由「你的行爲」來代表，他們只能根據你的談話和行爲來判斷你大約是屬於哪類人，而難以深入你的內心世界，透徹了解你到底在想什麼。

莎士比亞曾經說：「世上還沒有一種方法，可以從一個人的臉上探查出他的居心。」這番話告訴我們，人絕對可以透過刻意整飭過的行爲，虛擬一個對自己有利的形象，贏得別人的好感，減少許多無謂的摩擦和阻礙。

所謂「知人知面不知心」，強調的就是，我們對一個人的了解，常常只是冰山裸露的一角。因此，你可以透過外在的語言去欺瞞、誤導對方，也可以透過行爲塑造出自己想要的形象！

這形象既可以是眞象，也可以是假象。

不信的話，從現在起，你就可以試試。

用幽默的方法，說出你的真心話

美國作家豪說：「在蠻荒的古代，人們用斧頭相鬥；文明人埋掉了斧頭，他們的格鬥靠的是舌頭。」

用語氣創造運氣
的說話智慧

有好口氣，才有好運氣

溝通大師塞巴特勒曾經寫道：「想讓對方接受原本不想接受的看法，最好使用對方喜歡聽的語言。」

人性共同的弱點是期望獲得別人讚美、欽佩、尊重，因此，說話的最高藝術，就是用語氣替自己創造運氣，只要掌握這個人性弱點，將自己的話語裹上一層糖衣，既可以激發對方內心潛在的慾望，更可以滿足對方渴望獲得認同的心理，順利地達成自己的目的。

Success depend on the Manner of Speaking

陶 然 編著

用幽默的方法，說出你的真心話

作　　者　文彥博
社　　長　陳維都
藝術總監　黃聖文
編輯總監　王　凌
出 版 者　普天出版家族有限公司
新北市汐止區忠二街 6 巷 15 號
TEL / (02) 26435033 (代表號)
FAX / (02) 26486465
E-mail：asia.books@msa.hinet.net
http://www.popu.com.tw/
郵政劃撥 19091443 陳維都帳戶
總 經 銷　旭昇圖書有限公司
新北市中和區中山路二段 352 號 2F
TEL / (02) 22451480 (代表號)
FAX / (02) 22451479
E-mail：s1686688@ms31.hinet.net
法律顧問　西華律師事務所・黃憲男律師
電腦排版　巨新電腦排版有限公司
印製裝訂　久裕印刷事業有限公司
出 版 日　2021 (民 110) 年 1 月第 1 版
ISBN◉978-986-389-756-9　條碼 9789863897569

國家圖書館出版品預行編目資料

用幽默的方法，說出你的真心話／
文彥博著.—第 1 版.—：新北市,普天出版
民 110.1 面；公分. - (溝通智典；19)
ISBN◉978-986-389-756-9 (平裝)

溝通智典
19

普天之下・盡是好書

普天出版家族
Popular Press Family

凌雲文創
A-Plus Creative Company